*Nbz wpo Cpf i*

# Bekleidungskunst und Mode

Verlag
der
Wissenschaften

*N bz wpo Cpf i o*

**Bekleidungskunst und Mode**

*KNCR0FBRA: 894: 68112257*

*Bvgbhf A2*

*Fstdi f jovohtlbi sA3125*

*Fstdi f jovoht psuAR psef stuf eu E f vut di rboe*

Hergestellt in Europa, USA, Kanada, Australien, Japan
Verlag der Wissenschaften in Hansebooks GmbH, Norderstedt


*Dpwf sAGpup   N f njoh Vpoef mm0r jzf njp/ef*

# BEKLEIDUNGSKUNST UND MODE

VON

## MAX VON BOEHN

✳

MIT 135 ABBILDUNGEN

1918

DELPHIN=VERLAG, MÜNCHEN

By

VERFASSER UND VERLEGER MÖCHTEN AUCH AN DIESER STELLE ALLEN, WELCHE SIE BEI DER HERAUSGABE DIESES BUCHES UNTERSTÜTZT HABEN, DANKEN. GANZ BESONDERS FÜHLEN SIE SICH DEN HERREN GEHEIMRAT DR. JESSEN, DIREKTOR DER BIBLIOTHEK DES KUNSTGE= WERBE=MUSEUMS IN BERLIN UND HERRN PROFESSOR DR. DOEGE, KUSTOS DER LIPPERHEIDE=SAMMLUNG VERPFLICHTET.

*Abb. 1. Die Tournüre*
Aus La Mode Artistique. Paris Oktober 1873

# INHALTSVERZEICHNIS

## ERSTES KAPITEL

Die Entstehung der Kleidung . . . . . . . . . . . . . . . 7—29

Nacktheit 7 — Behaarung 8 — Schutzbedürfnis 9 — Schamgefühl 9 — Hunger,
Liebe, Eitelkeit 11 — Schmuck 11 — Spieltrieb 12 — Narbenzeichnen 13 —
Bemalen 14 — Tätowieren 15 — Behangschmuck der Urvölker und der Natur=
völker 17 — Amulett 18 — Übergang vom Schmuck in die Kleidung 20 —
Tierfell 21 — Moorleichenfunde 22 — Leder 23 — Flechten, Weben, Stopfen,
Stricken 24 — Wolle 25 — Leinen 25 — Pflanzenstoffe 26 — Handel 26 —
Nadel und Schere 27 — Kleidung und Ehe 28.

## ZWEITES KAPITEL

Die Entwickelung der Tracht . . . . . . . . . . . . . . . 30—48

Statisches Grundgesetz 30 — Klima 30 — Geschlecht 31 — Männliche
und weibliche Kleidung 31 — Drapierung 33 — Schneiderei 33 — Süden und
Norden 33 — Tuch 34 — Mantel 34 — Himation 35 — Toga 35 — Lenden=
schurz 35 — Ärmelhemd 37 — Chiton 37 — Zweiteilung des Hemdes 40 —
„Das kurzbeinige Geschlecht" 40 — Rock, Jacke, Hose 41 — Doppelkleidung 43 —
Häufung der Stücke 47.

## DRITTES KAPITEL

Ästhetische und psychologische Probleme . . . . . . . . . . 49—75

Körper und Kleidung 49 — Maßstäbe 49 — Bewegung und Ruhe 50 — Ästhe=
tische Motive 50 — Material 51 — Stilfragen 52 — Der antike Gewandstil 53 —
Ideal und Wirklichkeit 55 — Naht, Saum, Verschluß 56 — Farbe und Farb=
losigkeit 58 — Musterung 58 — Ausputz 59 — Plissee 60 — Volant 60 —
Schleppe 60 — Reifrock 61 — Korsett 62 — Lustwerte 62 — Nachahmung 66 —

*Uniform 66 — Gefühl der Zusammengehörigkeit 66 — Volkstracht 67 —
Kleidung und Seele 67 — Koketterie 68 — Standesunterschiede 69 — Sym=
bole 73 — Verkleidung 74.*

## VIERTES KAPITEL

Die Mode . . . . . . . . . . . . . . . . . . . . . . . 76—91

*Die unbekannte Größe 77 — Georg Simmel 78 — Zwei Schritte vor und einen
zurück 78 — Ein tiefer Sinn liegt oft im kind'schen Spiel 79 — Fördern und
Zurückhalten 80 — Wechsel 81 — Rasendes Tempo 81 — Kapitalismus und
Industrialismus 82 — Konfektion 83 — Nachahmung 84 — Die Negerstämme
Afrikas 84 — Schnitte und Stoffe im Wechsel 85 — Änderung der Form 86 —
Stilisierung des Körpers 86 — Schlank und rund, rund und schlank 86 —
Herrenmode 87 — Zwecktracht 87 — Modephasen 88 — „Organische Produkte
gleichzeitiger Kulturperioden?" 89 — Wer macht die Mode? 90*

## FÜNFTES KAPITEL

Reformen und Revolutionen . . . . . . . . . . . . . . . 92—128

*Die Mode und ihre Gegner 92 — Zwecktracht des Mannes 93 — Gesellschaft
für Reform der Männerkleidung in Berlin 93 — Die Hygiene und ihre Rolle in
der Bekleidungskunst 94 — Gustav Jäger 95 — Pfarrer Kneipp 96 — Heinrich
Lahmann 96 — Verbesserung der Unterkleidung 96 — Frauenfrage und Kleid=
reform 97 — Amerika, England, Schweden, Deutschland 98 — Verein für Ver=
besserung der Frauenkleidung 100 — Leitsätze Dr. Neustätters 101—103 —
Der Kampf gegen das Korsett 104 — Der „Reformsack" 106 — Paul Schultze=
Naumburg 106 — Ausstellung in Berlin 1903 106 — System van de Velde 107 —
Emil Reichel 107 — Joh. Große 107 — Rock und Hose 107 — Mrs. Bloomer 107 —
Marie M. Jones 108 — Die ästhetische Reform 109 — Henry van de Velde 110 —
Alfred Mohrbutter 110 — Ausstellung in Krefeld 1900 110 — Ligue de la nou=
velle Mode in Paris 1911 111 — Reform und Mode 112 — Verband für deutsche
Frauenkleidung und Frauenkultur und seine Richtlinien 113—114 — Julie
Jäger und Isolde von Wolzogen 116 — Hedwig Buschmann's neue Frauen=
tracht 117—118 — Das Eigenkleid der Frau 119 — Rock und Bluse 121 —
Deutsche Nationaltracht 122 — Uniformierung der Frau 124 — Aufhören der
Mode? 126 — Körperkultur vor Kleiderkultur 127 — Die Schule 128.*

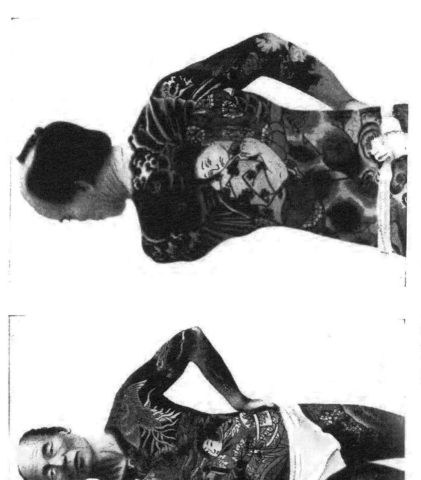

*Abb. 2/3. Tätowierte Japaner*
Aus Wilhelm Joest, Tätowieren

*Abb 4. Germanin in Hosen*
Grabstein, in Mainz gefunden
Aus Lindenschmitt, Altertümer unserer heidnischen Vorzeit. Mainz 1911

*Abb. 5. Sogenannte „Venus" von Willendorf*
Steinfigürchen der Quartär-Zeit. Nach Hörnes, Urgeschichte der bildenden Kunst

## ERSTES KAPITEL

# DIE ENTSTEHUNG DER KLEIDUNG

*Nackt wird der Mensch geboren, der Lebende aber bekleidet sich. Diese Erfahrung ist merkwürdig, weil sie die Natur, von der wir annehmen, daß sie sinnvoll und zweckmäßig schafft, auf einem Widerspruch mit sich selbst zu ertappen scheint. Die Natur gab allen höheren Tieren Kleider von so vorzüglicher Beschaffenheit, daß sie in Klimaten mit stark wechselnden Temperaturen automatisch auf diese Rücksicht nehmen. Pelztiere haben im Sommer dünnere, im Winter dichtere Behaarung; selbst bei Tieren, die der Mensch in Breitengrade verschleppt, für die sie eigentlich nicht geschaffen sind, korrigiert die Natur diesen Eingriff der Willkür. So hat man beobach= tet, daß die Löwen, die Hagenbeck in Stellingen das ganze Jahr im Freien hält, im Winter stärker behaart werden, als es in ihrer afrikanischen Heimat der Fall sein würde. Unter der Annahme, daß die Kleider des Menschen ihrer allgemeinen Verbreitung wegen etwas Notwendiges seien, müßte man die Natur also einer groben Unterlassung zeihen, denn sie hätte versäumt, das wertvollste und höchststehende ihrer Geschöpfe hinlänglich für seine Existenz auszurüsten. Dieser Gedanke beunruhigte schon Montaigne. „Weil nun alles übrige mit dem benötigten Gespinst und Gewebe versehen worden, um sein Dasein zu erhalten," schreibt er in den Essays, „so ist es nicht zu glau= ben, daß wir Menschen sollten allein in einem elenden unbehilflichen Zustande auf die Welt gesetzt sein, in welchem Zustande wir nicht ohne fremde Hilfe fortdauern könnten." Nun ist die Frage, ob der Mensch ursprünglich ein Haarkleid besessen habe, wie die Pelztiere, noch offen, die Anthropologen sind sich untereinander nicht darüber einig. Bedeutende Forscher, Karl Weule gehört zu ihnen, nehmen an, daß der Mensch in der Tat stark be= haart gewesen sei, daß er sein natürliches Haarkleid aber eingebüßt habe.*

Er betrachtet als Grund dieser Einbuße die geschlechtliche Zuchtwahl. Der Mann habe bei der Wahl seiner Gefährtin aus Geschmacksrücksichten In= dividuen von schwacher Behaarung vorgezogen, wodurch allmählich in fort= schreitender Vererbung der Zustand eingetreten sei, in dem der Mensch jetzt vor uns steht. Diese Verkümmerung des Haarkleides, das nur noch ein= zelne Stellen des Körpers bedeckt, habe dem Menschen auch die Anpassungs= fähigkeit geraubt, die ihm ermöglichte, schädlichen, äußeren Einflüssen zu widerstehen. Damit wäre dann ein Ausgangspunkt für die Entstehung der Kleidung gefunden.

Da man heute allgemein annimmt, das wir die Anfänge der Menschwer= dung in der Gegend des Malaiischen Archipels zu suchen haben, die Mensch= heit also dem heißen Klima entstammt, so liegt kein zwingender Grund vor, den Urmenschen behaart zu denken. Gleichviel indessen, ob der Mensch die Möglichkeit, sich durch ein Haarkleid klimatischen Verhältnissen anzu= passen, nie besaß oder sie nur im Laufe der Jahrtausende verlor, die Frage nach der Entstehung der Kleidung wird dadurch ihrer Beantwortung gar nicht näher geführt. Der Beweis für die absolute Unentbehrlichkeit der Klei= dung ist noch nie gelungen. Sie mag wünschenswert sein, im heutigen Zu= stand der Gesellschaft soziologisch notwendig, der Mensch als Lebewesen schlechthin bedarf ihrer gar nicht, ja er kann und wird sich ohne dieselbe in den meisten Fällen wohler befinden, er widersteht auch ohne Behaarung der Kälte. Die ältesten bekannten Darstellungen des Menschen aus den Höhlen der Dordogne zeigen ihn nackt, scheinen also darauf hinzudeuten, daß selbst die niedrigen Temperaturgrade der Diluvialzeit ihn nicht nötigten, schützende Hüllen zu erfinden. Als Cook das Feuerland besuchte, erfroren zwei seiner Gefährten dort im Sommer. Die Einwohner aber, die nackt gingen, trugen Pelzstückchen nur zur Zierde und hatten keinen andern Wunsch als Glasperlen. Darwin traf sie viele Jahre später immer noch nackt trotz großer Kälte und eisiger Winde. Als er einem Feuerländer, der ihm zu frieren schien, ein Stück rotes Tuch schenkte, um sich zu bekleiden, riß der Be= schenkte es in kleine Fetzen, die er sich als Schmuck um die Glieder band. So wenig wie die Kälte allein genügte, die Menschen zum Erfinden der Klei= dung zu zwingen, ebensowenig ist die Hitze imstande, ihn zum Ablegen der

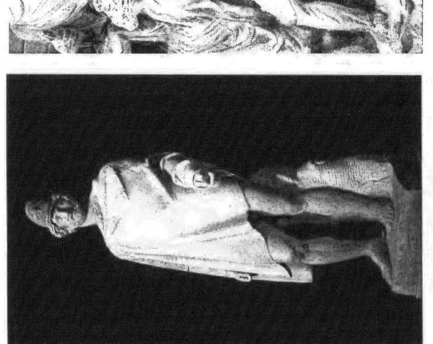

Abb. 6. Das Tuch als Kleidung

Grieche in der Chlamys. Segen. Phokion. Antike Statue im Vatikan

Abb. 7. Hemd und Hose

Germanen von der Markus-Säule. Aus Petersen, Domaszewski, Caluerini
Die Markus-Säule auf Piazza Colonna. München 1896

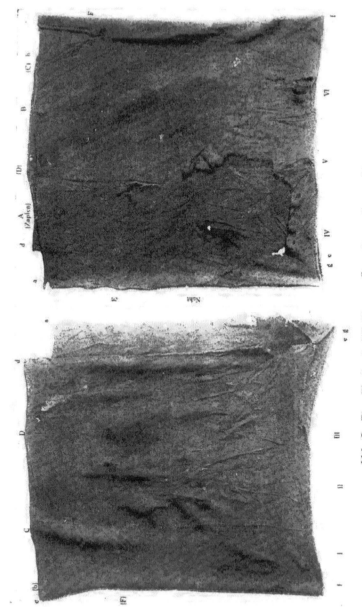

*Abb. 8. Das Tuch als Kleidung. Ärmelloses Rumpfkleid*

Gefunden mit einer Moorleiche bei Marx Etzel in Hannover
Nach Hans Hahne, Vorzeitfunde aus Niedersachsen. Hannover 1915

einmal erworbenen Kleidung zu verlocken. *Mit Erstaunen sah Nachtigal in Bornu, daß die Wohlhabenden sich an Festtagen mit so viel Kleidern be= hängten, als sie nur zu tragen vermochten, und das trotz der gewaltigen Hitze, nur von dem Wunsche beseelt, sich zu putzen. So beobachteten die Begleiter Spekes Einwohner Ostafrikas, die bei heißem Wetter in Mänteln von Ziegenfell spazierengingen, dieselben aber ablegten und zusammen= rollten, als es zu regnen begann. Sie klapperten vor Frost, aber sie zogen es vor zu frieren, ehe sie ihren Putz dem Verderben aussetzten.*

*Unter den Beweggründen, die den Menschen veranlaßt haben sollen, sich zu bekleiden, hat ferner das Schamgefühl von jeher eine große Rolle gespielt. Einige Forscher, wie Friedrich Ratzel und Heinrich Schurtz, sehen in ihm den Hauptantrieb zur Erfindung der eigentlichen Kleidung. Dieser Annahme stehen indessen alle Erfahrungen und Beobachtungen gegenüber, die eine eingehende Beschäftigung mit der Psyche der Naturvölker ergeben hat. Schamgefühl und Kleidung in einen ursächlichen Zusammenhang bringen wollen, hieße ja Nacktheit mit Schamlosigkeit gleichsetzen. Das tut nicht einmal die Bibel, die als Urzustand der unverdorbenen Menschheit die Nacktheit annimmt und Bekleidung erst nach dem Sündenfall eintreten läßt. Nacktheit und Sittsamkeit schließen sich keineswegs aus. Die großen Rei= senden, die wie Livingstone, Schweinfurth, Baker u. a. im 19. Jahrhundert die Bekanntschaft von Naturvölkern machten, die mit dem, was wir euro= päische Kultur nennen, nicht in Berührung gekommen waren, fanden sie zwar unbekleidet, aber nicht unsittlich. Das Gefühl, sich wegen ihres un= bekleideten Zustandes schämen zu müssen, ist den Naturvölkern noch heute völlig fremd. Selbst die Schamhülle ist, wie Ernst Große nachgewiesen hat, durchaus noch kein allgemeiner Besitz der primitiven Stämme. Ihre Ver= hüllung ist nur vorübergehend, während die Entblößung der dauernde Zu= stand ist. Wie wenig Schamgefühl und Kleidung miteinander zu tun haben, zeigen die Maori in Neuseeland, die sich ganz verhüllen, von Schamhaftig= keit aber gar keine Vorstellung haben. 1910 schrieb Max Weiß über die Völkerstämme im Norden Deutsch=Ostafrikas: „Wer aus dem Mangel an Kleidung auf einen Mangel in moralischer Beziehung schließen zu können glaubt, ist stark im Irrtum, denn die nacktgehenden Wageia gehören zu den*

2

*sittlich hochstehenden Stämmen, sehr im Gegensatz zu den bis zum Halse verhüllten Waganda." Das eigentümliche gegenseitige Verhältnis von Scham= haftigkeit, Nacktheit und Bekleidung zeigen die weiblichen Ureinwohner Australiens, die nackt gehen, zu ihren unzüchtigen Tänzen aber Federschür= zen anlegen. Auch die männlichen Australier, die sonst nackt gehen, tragen zum Tanz des Corrobori, einen Hüftschmuck von Dingoschwänzen, der aber nichts verhüllt. Karl von den Steinen berichtet von den Indianern der Schingu=Quellen, daß sie auf den Kleidern von Palmstrohgeflecht, die sie bei ihren Tänzen anzulegen pflegen, die Geschlechtsmerkmale außen sicht= bar anbringen. Die Beobachtung, daß zu den Körperteilen, die am ersten bedeckt zu werden pflegen, die Geschlechtsteile gehören, hat zu der An= nahme von der großen Rolle, welche die Schamhaftigkeit in der Frage der Bekleidung spiele, geführt. Mit Unrecht. Das Schamgefühl macht, wie Os= car Peschel sagt, wunderliche Sprünge und konzentriert sich keineswegs bei allen Völkern auf die Geschlechtsteile. Bald wird dieser Körperteil verhüllt, bald jener. Nabel, Füße, Gesicht, Gesäß, Hinterkopf werden den Blicken Fremder sorgfältiger entzogen, als es gerade mit den Geschlechts= teilen der Fall ist. Ja, wo diese bedeckt sind, geschieht es oft in so auffallender Weise, daß der Zweifel berechtigt erscheint, ob wirklich eine Verhüllung angestrebt wird oder nicht vielmehr die Absicht besteht, die Aufmerksam= keit zu erregen und auf den Anblick dieser Teile hinzulenken. Auch da, wo die Bedeckung dieser Teile nicht als Reiz aufgefaßt zu werden braucht, ent= springt sie weniger dem Schamgefühl als dem Aberglauben. Der Träger fürchtet sich vor Behexung und Zauberei und sucht sich vor denselben durch Amulette zu schützen, deren Anbringung dann ganz von selbst zu einer Art von Bedeckung führen muß. Erst wenn die Gewohnheit sich gebildet hat, gewisse Stellen des Körpers dauernd zu verhüllen, entsteht das Schamgefühl, wenn diese Hülle, aus welchem Grunde immer, plötzlich fehlt. Die Entblößung einer Gegend des Körpers, welche die Sitte zu verstecken gebietet, erzeugt das Schamgefühl erst. Es ist eine Forderung der Gesellschaft, welche auf die Schamhaftigkeit der Geschlechter großen Wert legen muß, welche ein Interesse daran hat, daß das Individuum seine Triebe zügelt, um im Rah= men der Allgemeinheit seinen Platz ohne Anstoß auszufüllen. Das Gefühl,*

*Abb. 9.  Entwicklung der Kleidung aus dem Tuch*
Wollene Kleider der alten Inca
Aus Reiß und Stübel, Das Totenfeld von Ancon in Peru. Berlin 1880 - 87

*Abb. 10. Entwicklung der Kleidung aus dem Tuch*
Wollene Kleider der alten Inca
Aus Reiß und Stübel, Das Totenfeld von Ancon in Peru. Berlin 1880—87

einen Brauch der Gesellschaft verletzt zu haben, der er angehört, erfüllt den einzelnen mit Beschämung und löst das Schamgefühl aus, das den Zügel bildet, mit dem die Gesellschaft die ihr Angehörigen leitet. Erst das lange Vorhandensein der Kleidung, die Gewöhnung, seine Mitmenschen nicht mehr nackt zu sehen, hat das Schamgefühl entstehen lassen. Das Schamgefühl ist auf die Bekleidung zurückzuführen, nicht die Kleidung auf das Schamgefühl.

Wenn die Entstehung der Kleidung weder in dem Verlangen des Menschen, sich klimatischen Verhältnissen anzupassen, zu suchen ist, noch in dem Wunsche, sich vor anderen seinesgleichen zu verhüllen, so müssen wir doch annehmen, daß ein Trieb von ganz besonderer Stärke dazu gehört haben muß, den Menschen auf die Kleidung zu führen. Er, der anfänglich als Tier unter Tieren lebte, wie der Ureinwohner Australiens noch heute, hat durch die Bekleidung seines Körpers etwas geschaffen, das ihn dauernd vom Tier unterscheidet und zwischen sich und seinen Mitgeschöpfen dadurch eine Schranke aufgerichtet, die ihn nicht nur von denselben entfernt, sondern hoch über dieselben erhebt. Der Mensch betrat damit den Weg der Kultur. Die Triebe Hunger und Liebe, die genügten, ihn zur Fristung seines Lebens anzuhalten, teilt er mit dem Tier. Erst als der Trieb der Eitelkeit in ihm er= wachte, erhob er sich über dasselbe. Nicht, als ob die Eitelkeit dem Tiere fremd wäre. Wir brauchen ja nur an den Pfau zu denken, aber das Tier, das fertig aus der Hand der Natur hervorgeht, besitzt nicht die Fähigkeit, diese Eigenschaft bei sich zu pflegen; soweit Tiere sich schmücken, besorgen sie das nicht selbst, sondern die Natur handelt für sie. Zur Zeit der Paarung gibt sie manchen besonders schöne Farben oder Federn, die Hochzeitskleider. Andere zeichnet sie mit Höckern oder Geweihen aus und verleiht ihnen damit die Möglichkeit, ihre Triebe vor den Artgenossen an den Tag zu legen. Der Mensch hat auch diese Fähigkeit selbst erwerben müssen. Einer der ersten Triebe, der nach der Befriedigung der nächsten körperlichen Bedürf= nisse zur Geltung gekommen sein muß, ist der nach einer Auszeichnung der eigenen Person. Bis in die ältesten Kulturschichten der Vorzeit gehen die Funde von Schmucksachen zurück. Der einzige Mensch der Urzeit, der den Schmuck noch entbehrte, ist der Neandertaler, von dem man auch annimmt, daß er eine halbtierische Existenz geführt habe. Der Schritt, den der Mensch

2°

tat, als er mit dem Schmücken des eigenen Körpers begann, hat ihn vom Urzu=
stand für immer getrennt, bis dahin ein Tier unter Tieren, erwacht in ihm auf
einmal die Persönlichkeit. „Sich verschönern heißt, sich unterscheiden", sagt
Max Dessoir mit Recht, der auch die feinsinnige Bemerkung macht, daß
diese persönliche Verschönerung für ihren Besitzer die Bedeutung eines
Eigennamens bekommen mußte. Die Entwicklungsstufe, die dem Menschen
den Schmuck kennen lehrte und dadurch die Eitelkeit in ihm weckte, öffnete
der Menschheit Ausblicke zu Möglichkeiten des Fortschreitens, die heute
noch nicht abgeschlossen sind. Mit dem Körperschmuck erwachten die
frühesten ästhetischen Regungen des Menschen. Er ist die erste Spur eines
Strebens nach höheren Werten, nach der Verwirklichung eines Ideals. Der
Mensch, der als erster unternahm, seinen Körper auf irgendeine Weise von
dem seiner Artgenossen zu unterscheiden, arbeitete bewußt mit dem Ge=
danken einer Wirkung auf andere. In welcher Form dieses Unternehmen
auch ausgeführt worden sein mag, der Zweck, der ihm zugrunde lag, war
die Rücksicht auf Gefühle der Mitmenschen. Hier liegen die Wurzeln un=
serer Kunst. Das Werk, welches derjenige ausführte, der sich zuerst durch
Veränderungen seines Körpers von anderen abzuheben trachtete, be=
durfte eben dieser anderen als Beschauer, um vollendet zu werden. Ohne
Publikum kein Künstler. Die Anregung zu diesem Tun mag der Mensch
durch den Spieltrieb erfahren haben, der ja auch dem Tiere zu eigen ist.
Es sei dabei an Darwins Beobachtungen über die Spielereien gewisser Vögel
erinnert, die Lust am Sammeln allerhand bunter Dinge finden oder be=
sondere Lauben errichten und mit allerlei Tand ausputzen, nur um sich dar=
an zu erfreuen. Wenn die Betätigung dieses rein spielerischen Triebes dann
vielleicht zufällig bei anderen Gefallen oder Schrecken auslöste, war der
weiteren Betätigung die Richtung gewiesen und das Spielen zu zweck=
bewußtem Wollen gestaltet. Die Absicht muß in erster Linie darauf hinaus=
gelaufen sein, bei anderen einen starken Eindruck hervorzurufen, bei Weibern
Gefallen, bei Männern Furcht, bei beiden Bewunderung. War dieser Zweck
erreicht, so hatte sich der Mensch dadurch eine Bildersprache erfunden, die
ebenso allgemein verständlich war und mit eben derselben Leichtigkeit ge=
handhabt werden konnte wie die Mimik der Gesichtszüge. Selenka hat in

*seinem geistreichen Buch auch darauf hingewiesen, daß der Schmuck in seiner ältesten Gestalt nur dazu bestimmt ist, günstige Eigenschaften her= vorzuheben und zu betonen, also einen hervorragend erzieherischen Wert besitzt. Er hebt das Selbstgefühl des Geschmückten und zwingt ihn, sein Benehmen nach den Vorstellungen einzurichten, die sein Schmuck hervor= rufen soll. Er suggeriert ihm Würde, Mut, Tapferkeit oder was sonst.*

*Die älteste Art des Schmuckes, die wir kennen, ist die von Haut und Haar, die Verzierung durch Narben, Bemalen und Tätowieren, mit der die Ein= griffe in den Körper parallel laufen. Sie gehen alle darauf aus, die normale Erscheinung des Menschen zu ändern, wobei es durchaus nicht immer auf eine Verschönerung abgesehen ist. Der Schreckschmuck hat vielleicht eine weit größere Rolle gespielt als der Gefallschmuck. Vielleicht geht unter die= sen der Narbenschmuck voran, der noch heute unter dunkelfarbigen Völkern weitverbreitet ist. Er verdankt seine Entstehung den ganz natürlichen Gedan= kenassoziationen von Mut und Tapferkeit, die mit dem Anblick vernarbter Wunden verbunden sein müssen. Dadurch dürfte er auch entstanden sein. Die Narbenzeichnung stellt den Mut und die Widerstandskraft auf eine harte Probe. Sie zwingt den Menschen aber auch der Eitelkeit zuliebe, seine Feig= heit zu besiegen und stellt ihm in dem so erworbenen Schmuck ein allgemein verständliches Zeugnis seines Mutes aus. Daß dieser Geschmack nicht nur bei den Wilden herrscht, bezeugen die Schmisse unserer Korpsstudenten, die nicht den weniger geschickten Kämpfer kennzeichnen sollen, sondern den, der schneidig einen Hieb aushalten kann. Die nicht eben seltenen In= serate, die vor dem Kriege in Berliner Zeitungen zu finden waren und das schmerzlose Beibringen künstlicher Schmisse empfahlen, zeigen die weite Verbreitung dieses Geschmackes. Wie der Narbenschmuck wollen auch die Verzierungen des Körpers durch Deformieren einzelner Teile durch Schmer= zen erkauft werden. Der Wetteifer, den die Naturvölker im Ändern ihrer Körperformen an den Tag legen, überrascht durch die Verachtung des Nor= malen, die sie dadurch beweisen. Kein Körperteil bleibt davon ausgeschlossen. L. A. Gosse, der sich mit der Entstellung des Schädels beschäftigt hat, kennt allein 18 verschiedene Arten, denselben künstlich zu deformieren. Die alten Peruaner übten vier verschiedene Arten aus, um dem Schädel eine andere*

*Gestalt zu geben. Nasen, Ohren, Lippen, Wangen, Zähne, Genitalien, Hände und Füße werden ebenfalls künstlich umgestaltet, sei es durch gewaltsames Einfügen von Fremdkörpern, sei es durch Pressen, Zerren, Feilen oder Ver= stümmeln. Ganz besonders haben die Zähne durch Ausbrechen, Auskerben, Spitzfeilen und sonstige Handgriffe zu leiden. Das Gebiet der Negerstämme, die um den Njassasee wohnen, ist besonders reich an Zahnverstümmelungen verschiedener Art. Das Höchstmaß von Abenteuerlichkeit bei der Änderung, sagen wir Verunstaltung des Körpers, leisten sich nach Weule die Musgu am Tschadsee, die ihre Frauen absichtlich möglichst häßlich machen, damit Nach= barstämme nicht in Versuchung geraten, sie zu rauben. Also ein Schreck= schmuck in des Wortes wörtlichster Bedeutung. Hierher wird man wohl auch das übermäßige Mästen der Frauen rechnen dürfen, das einige Naturvölker noch heute üben. Es scheint sehr alt zu sein und tief in vorgeschichtliche Zeiten zurückzureichen. Die quartäre Kunst kennt weibliche Steinfigürchen, wie man sie z. B. im oberen Aurignacien der Höhlen bei Mentone sowie in Österreich und Frankreich zahlreich gefunden hat. Sie gemahnen in den ge= waltigen Formen von Busen, Hüften und Schenkeln direkt an Hottentotten= frauen. Die sogenannte Venus von Willendorf ist das bekannteste und am meisten charakteristische Denkmal dieses erotischen Ideals. Dem Narben= schmuck am nächsten verwandt ist das Bemalen des Körpers. Es gilt manchen Forschern wie Ernst Große als die Urform des Schmuckes überhaupt und ist bei den Völkern der niedersten Kulturstufe noch heute allgemein. Weule führt die Anregung dazu auf den Schmutzüberzug des in den Morast Ge= ratenen zurück. Wir möchten das dahingestellt sein lassen und weit eher ge= neigt sein, den Ursprung der Bemalung in kriegerischen Gewohnheiten zu suchen. Die Lieblingsfarbe, die bei der Bemalung des Körpers die größte Rolle spielt, ist das Rot, die Farbe des Blutes. Ursprünglich bemalte man sich wahrscheinlich mit dem Blute des erschlagenen Feindes oder eines er= legten Tieres und behielt dadurch die Vorliebe für diese Farbe. Das Bemalen ist uralt. Grabbeigaben von roter und braunroter Farbe (Rötel, Ocker, Eisenrot der Toneisensteine) führen den Gebrauch bis in die jüngere Steinzeit zurück. Er hat sich bis tief in historische Zeiten hinein erhalten. Römische Könige und Triumphatoren hatten das Recht, sich bei ihrem Zuge auf das*

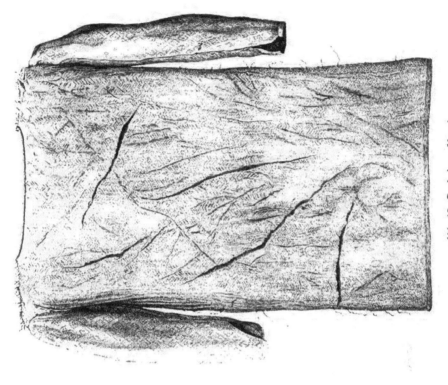

Abb. 12. Rock bzw. Hemd

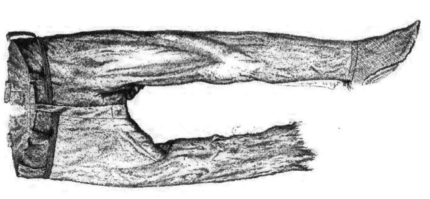

Abb. 11. Lange Strumpfhose
Gefunden mit einer Moorleiche in Jütland. Wahrscheinlich aus dem 4. Jahrh. n. Chr. Nach Conr. Engelhardt, Sonderjyske Moßfund.
Bd. I. Thorsbjerg Fundet. Kopenhagen 1863

*Abb. 13/14. Hemdförmige Bekleidung mit starker Betonung der Taille*
Frühgotische Steinfiguren am Südportal des Straßburger Münsters. 13. Jahrh.
Aus Hirth-Weese, Der schöne Mensch

Kapitol Gesicht und Oberkörper mit Mennige rot zu färben. Nach Plinius erschienen die keltischen Frauen und Jungfrauen bei gewissen Festen nackt, den ganzen Körper blauschwarz bemalt. Als Cäsar in Britannien an das Land stieg, fand er, daß sich die Urbevölkerung blau färbte. Durch die Be= malung des Körpers können Stimmungsunterschiede in besonders glücklicher Weise zum Ausdruck gelangen, indem kein anderes Mittel so geeignet ist Gefühle wiederzugeben, wie die Farbe. Die Färbung des Körpers ist ein Schmuck, der der Bekleidung schon ganz außerordentlich nahekommt. Ein künstlich gefärbter Leib wirkt durchaus bekleidet. Wir erinnern an die Ge= schichte von der Wette, die noch vor einigen Jahrzehnten in Bayern allgemein bekannt war. Ein Offizier der Chevauxlegers (war es in Augsburg oder in Straubing?) sollte gewettet haben, er würde ganz nackt durch die Stadt reiten, ohne daß es jemand bemerken werde. Er gewann, denn er ließ sich die Uni= form in Grün und Rosa auf den bloßen Körper malen und kam auf diese Weise wirklich durch die ganze Stadt, ohne irgendeinem Menschen aufzufallen. Wie die Ziernarbe sich bis auf den heutigen Tag in Ansehen erhalten hat, so behauptet auch die Verfärbung des Körpers noch Vorzugsrechte als Schmuck. Man konnte vor dem Kriege in den Herbstmonaten jedes Jahres in den gelesensten Zeitungen Inserate finden, die ein Hautwasser zum Bräu= nen des Gesichts anpriesen. Mit seiner Hilfe sollte auch der Zuhausgeblie= bene einen längeren Sommeraufenthalt im Gebirge oder an der See vortäu= schen können.

In seiner Wirkung kommt die Tätowierung dem Bemalen am nächsten und dürfte aus einer Verbindung künstlicher Narbung mit Bemalung ent= standen sein. Wie die Narben als Schmuck bei dunkelfarbigen Völkern am meisten verbreitet sind, so die Tätowierung bei den hellhäutigen. Sie ist allen Rassen bekannt und wie das Bemalen schon in vorhistorischer Zeit geübt worden. Unter den Funden der Kulturschicht des Magdalénéen der Dordogne, die der frühen Nacheiszeit angehören, haben sich auf Knochen Zeichnungen menschlicher Arme erhalten, deren deutliches Linienmuster nicht anders als durch Tätowierung erklärt werden kann. Die neolithische Keramik kennt weiblich gestaltete Tonfiguren, die in Cucuteni bei Jassy in Rumänien gefunden wurden und sich jetzt im Museum in Bukarest befinden.

Ihre mächtigen Hüften, Brust, Rücken und Schenkel sind über und über
mit spiralförmigen Ritzungen verziert, die deutlich als Tätowierungen zu
erkennen sind. Frobenius, der bei seinen Forschungen im westlichen Sudan
bei Lagos und Benin die sagenhafte Atlantis Platos entdeckt zu haben glaubt,
brachte von dort Terrakotten und Bronzeköpfe mit, deren eigentümlicher
Linienschmuck auf Tätowierungen deutet. Unter den heutigen Natur=
völkern gibt es Künstler dieser Technik. Die Samoaner beginnen mit der
Tätowierung beim Mannbarwerden des Individuums und vervollständigen
sie nach und nach in fünf Abschnitten von längerer Zeitdauer. Die in
jahrelanger Arbeit unter vielen Mühen und Schmerzen ausgeführten Täto=
wierungen der Neuseeländer gehören nach Ratzel zu den hervorragendsten
Leistungen des Kunstsinnes und der Kunstfertigkeit. Mit den berühmt ge=
wordenen tätowierten Köpfen der Maori haben die Engländer einen schwung=
haften Handel getrieben, unbekümmert darum, daß sie die begehrenswerten
Objekte europäischen Sammeleifers erst den lebenden Trägern dieses
Schmuckes abzuschneiden hatten. Wie weit verbreitet auch in Deutschland
noch heutigentages die Tätowierung ist, davon konnte sich der Verfasser
überzeugen, als er während des Krieges in einem Berliner Reservelazarett
tätig war. Gewiß ein Drittel bis ein Viertel der dort behandelten Verwun=
deten trug an Arm, Brust oder Hand, viele auch am Oberschenkel Täto=
wierungen, meist plump in Zeichnung und Ausführung. Dem Berufe nach
befanden sich unter den so Geschmückten in größerem Prozentsatz Fabrik=
arbeiter und Bergleute. Die Scheu der Leute, die sich ihrer meist in jugend=
lichem Alter erworbenen Zieraten schämten, verhinderte leider ein genaues
Eingehen auf den Gegenstand. Als Schmuck, wie Narbenzeichnen und
Bemalung, erhielt das Tätowieren durch die Unvergänglichkeit, mit der es
in der Haut haftet, zugleich den Wert und die Bedeutung von Abzeichen der
Familie, der Sippe, des Stammes. Bei den Naturvölkern wird es geübt als
Mutprobe bei der Pubertätsweihe, gewissermaßen zur Erklärung der Heirats=
fähigkeit, auch zur Unterscheidung von Rang und Stand. Wie das Bemalen
steht das Tätowieren in seiner Wirkung auf den Beschauer der Kleidung
sehr nahe. Reisende, die vollständig Tätowierte unter wilden Völkern be=
obachtet haben, sind einstimmig in ihrem Urteil, daß die Individuen den

*Abb. 16. Hemdform des Kleides*

Aus Giotto's Weltgericht. Fresko in Padua. Um 1300

Nach Hirth-Weese, Der schöne Mensch

*Abb. 15. Hemdförmiges Kleid*

Ambrogio Lorenzetti, Der Friede. Fresko in Siena. Um 1340

Nach Hirth-Weese, Der schöne Mensch

Abb. 17. Kniehose, gefunden mit einer Moorleiche bei Marx-Etzel in Hannover
Nach Hans Hahne, Vorzeitfunde aus Niedersachsen, Hannover 1915

*Eindruck der Bekleidung hervorrufen. Man konnte sich von der Richtigkeit dieser Ansicht überzeugen, als vor nunmehr dreißig Jahren eine junge Dame von großer Schönheit in Deutschland für Geld zu sehen war. Sie war eine Amerikanerin, die von ihrem Vater schon in ihrer Kindheit am ganzen Körper tätowiert worden war. Die Zeichnungen waren geschmackvoll und mit großer Sorgfalt ausgeführt. Man hatte, auch wenn man sie völlig entkleidet sah, niemals den Eindruck, einen nackten Menschen vor sich zu haben.*

*Der Schmuck, der als Narbe, Bemalung oder Tätowierung der eigenen Haut eingegraben oder aufgetragen wurde, war zwar der Beginn der künst= lerischen Tätigkeit des Menschen, hing aber in seinem Charakter noch eng mit der Tierwelt zusammen, der er entschieden abgesehen war. Vielleicht hat die schöne Färbung mancher Pelztiere oder Vögel, die reizvolle Zeich= nung ihres Kleides von Haar oder Federn die ersten Menschen veranlaßt, ihre schmucklose Haut ebenfalls durch Farben oder Linien zu verschönern, um sich im Aussehen den Tieren anzunähern. Ehe der Mensch dazu schreiten konnte, mußte er schon eine hohe Stufe von Einsicht erreicht haben, denn er mußte schon schön und häßlich unterscheiden können. Weit bedeutender aber war der Fortschritt, als der Mensch damit begann, seinem Körper einen Schmuck hinzuzufügen. Sich Narben beibringen oder bemalen, selbst täto= wieren konnte der Mensch sich schon, als er noch auf allen vieren ging, sich mit Schmuck behängen konnte nur der Aufrechte. Sein ästhetisches Empfin= den mußte bereits verfeinert sein, als er damit begann, sich Zieraten aus der leblosen Natur zu sammeln, um seinen Körper mit ihnen zu bereichern. Auch diese Art von Schmuck reicht bis in die älteste Vorzeit des Menschen zurück. Von den uns bekannten Rassen ist, wie schon bemerkt wurde, nur der Neandertaler ganz ohne Schmuck zu denken. Die Menschen vom Auri= gnactypus, wahrscheinlich Zeitgenossen des Neandertalers und Angehörige der Eiszeit wie er, besitzen schon mancherlei Schmuck. Außer dem Bemalen kannten sie Haarschmuck, wie die sogenannte Venus von Willendorf beweist, die zwar keine Gesichtszüge erkennen läßt, aber eine dicke wollige, an= scheinend recht künstliche Frisur. Außerdem haben die Schichten des Auri= gnacien all die Schmuckstücke bewahrt, mit denen die diluviale Menschheit*

3

sich schon zu behängen wußte, als sie noch ohne Ackerbau zu kennen, Renntier und Mammut jagte und in natürlichen Höhlen wohnte. Sie trug durchbohrte Muscheln (Nassa reticulata) zu Ketten gereiht. Das männ= liche Exemplar dieser Rasse, das in Brünn gefunden wurde, hat einen Hals= schmuck besessen, der sechshundert fossile Röhrenschnecken und durch= lochte Scheiben aus Mammutzahn vereinte. Hörnes hat darauf hingewiesen, daß die Lagerstätten des Urmenschen seinen Geschmack am Seltenen, Auf= fallenden und Überraschenden zeigen. Auch ist er ästhetisch durchaus nicht ohne Wahl vorgegangen; er muß auf Form, Farbe, Glanz Wert gelegt haben. Sicher sind ihm, wie Hörnes hervorhebt, aus den formalen und anderen Eigenschaften der Naturdinge, die ihm auffielen und die er sich aneignete, frühzeitig Vorstellungen und Gedanken zu Kombinationen er= wachsen, die Wert und Bedeutung der Objekte steigerten. Gewisse Steine waren selten zu finden, Tierzähne oder Hörner nur mit Gefahr zu erlangen usw. Diese Gedankenassoziationen haben wohl auch dazu geführt, den Gegenständen geheimnisvolle Kräfte zuzuschreiben, die sie zum Amulett geeignet erscheinen ließen. Die Hauer eines erlegten reißenden Tieres mochten die Bedeutung eines Schutzes in Kämpfen gegen andere Tiere ge= winnen. Glänzende Steine, wunderlich geformte Muscheln Vorstellungen abergläubischer Art auslösen. Sicher ist der Anhängeschmuck auf das engste mit dem Glauben an den Talisman verbunden, ja anscheinend aus diesem hervorgegangen und bestimmt worden. Gottfried Semper erscheint es zweifel= haft, ob der Schmuck Gelegenheit gab, das Amulett am Körper zu befestigen, oder ob Fassung und Befestigung des Talismans erst auf den ästhetischen Begriff des Schmuckes führte. Vielleicht ist das auch mit ein Grund, warum der Schmuck auf frühen Stufen der Kultur ein Vorrecht des Mannes ist. Der Mann war nicht nur der, der sich die Gegenstände desselben mit Ge= fahr zu beschaffen hatte, sondern zur gleichen Zeit auch der, der des Schutzes gegen menschliche und tierische Feinde mehr bedurfte als die Frau. Sicher ist, daß auch heute noch bei allen Naturvölkern der Mann durch Schmuck mehr bevorzugt ist als das Weib. „Bei den niedriger stehenden Gruppen derselben", sagt Friedrich Ratzel, „folgt der Schmuck dem Gesetz, das bei höheren Tieren allgemein ist. Es ist der Mann, der reicher geschmückt ist." Wie noch

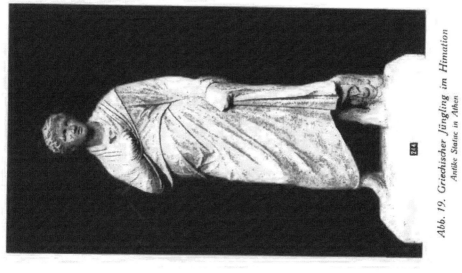

*Abb. 19. Griechischer Jüngling im Himation*
*Antike Statue in Athen*

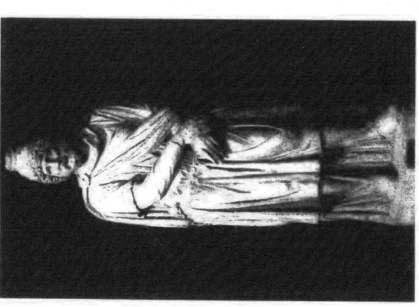

*Abb. 18. Hemd und Hose*
*Dakischer Sklave. Antike Statue in Neapel*

*Abb. 20. Grieche im Himation*
Sophokles. Antike Statue im Lateran

*jetzt bei manchen Naturvölkern ein unverhältnismäßiger Teil von Mühe,*
*Nachdenken und Arbeit auf die Verschönerung des Körpers gewandt wird,*
*so muß auch der vorhistorische Mensch sich sehr wesentlich damit abge=*
*geben haben, neue Möglichkeiten der Verzierung zu entdecken und immer*
*neue Materialien für diesen Zweck aufzusuchen und zurechtzumachen. Die*
*prähistorischen Fundstätten in Höhlen, Dolmen, Gräbern, Pfahlbauten*
*haben einen ganz außerordentlichen Reichtum an beweglichen Objekten*
*des Körperschmuckes hergegeben und damit den Beweis geführt, wie rast=*
*los der Schmucktrieb des Menschen nach immer neuen Gegenständen der*
*Zier gesucht haben muß. Muscheln, Schnecken, Tier= und Menschenzähne,*
*Fischwirbel, Knochen, Elfenbein, Bernstein, Gagat, Türkis, Nephrit, Glas,*
*Bergkristall, Marmor haben dazu gedient, den Körper als Ketten oder Ge=*
*hänge zu schmücken. Der ästhetische Sinn, der auf den Erwerb dieser Dinge*
*aus war, hat sich auch schon in frühester Zeit darin tätig gezeigt, daß er*
*aus diesen Urelementen des Zierats durch Bearbeiten, Trennen und Ver=*
*einigen erst den eigentlichen Schmuck geschaffen hat. Er gab ihnen durch*
*die Verarbeitung höheren Wert und erfand durch die Art und Weise der*
*Anordnung den Rhythmus, der eines der Grundgesetze aller Künste ist. Er*
*hat mehr getan. Er hat schon in der ältesten Zeit die Formen des Schmuckes*
*für alle Ewigkeit festgelegt. Sind auch die Möglichkeiten, die Hals= und Arm=*
*bändern und Fingerringen gegeben werden können, durch die Form der*
*Glieder bestimmt, so hat der prähistorische Mensch doch auch schon in*
*Nadeln, Spangen, Fibeln, Gehängen usw. das ganze Gebiet des Schmuckes*
*fest umgrenzt und allen Nachfahren nichts anderes übriggelassen als end=*
*lose Variationen des gleichen Themas. Wie früh der Schmuck sich ausgebildet*
*hat, lehren die erhaltenen Denkmäler. Die so berühmt gewordene Zeichnung*
*der „femme au renne" von Laugerie Basse in der Sammlung Piette, die zu*
*den ältesten uns erhaltenen Darstellungen von Menschen überhaupt gehört*
*und in die Kulturschicht des Magdaléneen hinaufreicht, zeigt die Frau zwar*
*völlig nackt, aber mit Hals= und Armbändern. Neolithische Bildwerke zeigen*
*unbekleidete Frauen mit tief herabhängendem Hals= und Brustschmuck. Vor*
*allem beweisen diese Überreste der Vorwelt, wieviel früher der Schmuck*
*da war als die Kleidung. Das bestätigen Vergleiche mit dem Zustand, in*

3*

dem die Naturvölker sich befanden, als die Kulturwelt mit ihnen bekannt wurde. Zwischen den Wendekreisen ist der Schmuck mehr betont als die Kleidung. Die Alt=Kariben gingen nackt, die Stoffe, die sie eigentümlich anzufertigen wußten, sagt Lippert, dienten nur zum Schmuck bei Festen. Sie hatten schon Goldschmuck, als ihnen noch Kleidung völlig fehlte. Im alten Indien trugen die Frauen zu dem schmalen Lendentuch, das ihr einziges Kleidungsstück bildete, geradezu überreichen Schmuck. Die Mincopie kennen schützende Kleidung überhaupt nicht. Der Reisende Man aber fand, daß sie zwölf verschiedene Arten von Schnüren als Schmuck um den Hals trugen und an diesen Korallen, Muscheln und menschliche Fingerknochen befestigten. Die nackten Buschmänner schleppen eine Last von Schmuckstücken aller Art an sich herum, und auch die Feuerländer, die noch nicht daran gedacht hatten, sich einen Schutz gegen Kälte und Nässe zu beschaffen, waren im Besitz so mannigfaltiger Schmuckstücke, daß dieser Kontrast zwischen dem Ent= behren eines anscheinend Notwendigen und dem Überfluß von Unnützem allen Reisenden aufgefallen ist.

Schmuck und Zier des Körpers vermischen sich mit der Kleidung. Sie gehen so ineinander über, daß es oft schwer ist, sie voneinander zu trennen und die Grenzen festzustellen, wo die eine aufhört und der andere anfängt. Das hängt schon mit den Stellen des Körpers zusammen, an denen Schmuckstücke notwendigerweise angebracht werden müssen. Das sind in erster Linie Hals, Hüften und die Knöchel der Arme und Beine, welche die statischen und archi= tektonischen Punkte bezeichnen, die der menschliche Körper zu Schmuckträ= gern bestimmt hat. Schmuckstücke, die um den Hals oder über den Hüften ge= tragen werden, müssen schon durch die Form des Anhängens, die ihnen not= wendigerweise anhaftet, immer den Charakter einer breiteren oder schmäleren Bekleidung tragen. So wird der Halsschmuck des Australiers, der aus einer Schnur von Opossumwolle mit eingeflochtenen und angehängten Stücken Rohr besteht und oft dreißig Fuß lang ist, durch die vielfachen Windungen, in denen er um den Hals gelegt werden muß, ganz von selbst die Form eines Kra= gens annehmen; denn er wird mit oder ohne Absicht des Trägers nicht nur den Hals zieren, sondern einen mehr oder minder großen Teil des Oberkörpers be= decken. Noch viel mehr wird das der Fall sein bei Amuletten, die zum Schutz der

Geschlechtsteile um die Taille oberhalb der Hüften aufgehängt werden. Das Band, welches dieses Schmuckstück zu halten bestimmt ist, wird sich ganz von selbst zur Befestigung weiterer Zieraten darbieten und Gelegenheit geben, an dieser Stelle immer mehr Schmuck anzubringen, bis die Häufung desselben die Partien, die sie zieren soll, völlig bedecken wird. So ist das Entstehen der Schamhülle bzw. des Lendentuches zu denken. Man darf sich auch vorstellen, daß gewisse Arten von Schmuck so auffällige Eigen= schaften von Schutz entwickelten, daß ihr schützender Charakter sehr bald den schmückenden, aus dem sie ursprünglich hervorgegangen sein mochten, in den Hintergrund drängte und völlig vergessen werden ließ. Das wird z. B. der Fall gewesen sein mit allen Arten der Tierfelle. Der erste Mensch, der auf den Einfall kam, einem erlegten Tier die Haut abzustreifen und sich dieselbe überzuziehen, hat das vielleicht in der Absicht getan, sich selbst ein schrecklicheres Aussehen zu geben oder andere Tiere derselben Gattung dadurch zu überlisten und seine Jagdbeute auf diese Weise zu vermehren. Die Beobachtung, daß dieses Fell ihn nun außerdem noch gegen die Kälte wirksam schützte und seine Glieder durch die dichte Hülle gegen Wunden und Beschädigen verwahrte, muß dann in der Tat durch die Vereinigung so vieler wertvoller Eigenschaften dazu beigetragen haben, das Motiv der Bekleidung dem des bloßen Schmuckes voranzustellen. Wir dürfen uns in der Tat das Tierfell als die älteste Bekleidung des Menschen denken. In Höhlenwohnungen der Renntierzeit, im Tal der Vézère sind verzierte Renn= tierstangen gefunden worden mit Darstellungen von Menschen, die älte= sten uns erhaltenen. Darunter befindet sich auch der berühmte Bison= jäger, der gerade einen Büffel beschleicht. Wenn man die Andeu= tungen der sehr primitiven Zeichnung nicht auf ein natürliches Haarkleid beziehen will, so muß man annehmen, daß der Künst= ler den Fellmantel seines Modells wiedergeben wollte. Dazu wird man um so eher berechtigt sein dürfen, als der lange Schwanz, der hinten herunter= hängt, sehr wohl mit der Vorstellung vereinbar ist, daß der Mensch einem Tier das Fell abzog und als Zierde den langen Schwanz daran ließ, als mit der Idee, wir hätten geschwänzte Menschen vor uns. Bilder aus anderen Höhlen zeigen menschliche Wesen mit Fellen, an denen anscheinend

auch der Kopf des Tieres gelassen wurde, der, wie man glauben möchte,
helmartig vom Träger als Schmuck des eigenen Kopfes benutzt wird. Daß
der Urmensch die Zurichtung der Tierfelle schon in gewisser Weise verstand,
darauf deuten Schaber aus Feuersteinen, die sich in diesen Schichten ge=
funden haben. Man nimmt an, daß sie keinen anderen Zweck gehabt
haben können, als zum Reinigen der Fleischseite von Tierfellen zu dienen.
Die Verwendung der Tierfelle zur Kleidung bezeugen auch Pfriemen und
Nadeln, die zum Kulturbesitz der Renntierzeit gehört haben und die Annahme
gestatten, daß der Mensch dieser Epoche Felle nicht nur als einfache Hülle
benutzte, sondern wahrscheinlich schon verstand, sie zu Kleidungsstücken zu
verarbeiten. Im Moor von Undeleff in Schleswig kam im Jahre 1797 die Leiche
eines Mannes zutage, der in den Sumpf versenkt worden war. Er trug eine
Art von Fellmantel, der aus zwei mit der Fleischseite zusammengenähten
Fellen bestand. 1818 wurde in Fünen eine weibliche Leiche entdeckt, die
in ein ähnliches Gewand aus Hammelfellen gehüllt war. Noch die Bibel
braucht, wenn sie von Esau spricht, die Worte Mantel und Fell als gleich=
bedeutend. Solange der Mensch als Jäger lebte, war er auf das Tierfell als
den Hauptstoff für die Bekleidung des Körpers so gut wie allein angewiesen.
Das hat bei primitiven Völkern bis weit in die historische Zeit hinein gedauert.
So sagt Cäsar, indem er von den Germanen spricht, daß die deutschen Jüng=
linge und Mädchen nur mit Tierfellen und kleinen Renntierhäuten bekleidet
seien. Bis in die Zeiten der Völkerwanderung muß das so geblieben sein.
Immer bedeuten die „Fellbekleideten" den Römern Barbaren. Synesius von
Kyrene kennzeichnet das Eindringen der Goten in römische Ämter als
den Sieg der Wildschur über die Toga. Der Gebrauch der Tierfelle als
Schutzkleidung mochte im Laufe der Jahrhunderte den ursprünglichen Cha=
rakter als Schmuck wohl ganz in Vergessenheit gebracht haben, nicht aber
den Wunsch nach der Verzierung. Das Fell war zur Kleidung geworden
und verlangte nun seinerseits nach Ausschmückung. „Sie tragen auch Felle
von wilden Tieren", schreibt Tacitus in der Germania von den alten Deut=
schen. „Die dem Ufer des Rheins Nächstwohnenden, ohne besondere Sorg=
falt darauf zu verwenden, die weiterhin mit größerer Auswahl, da sie nicht
durch den Handelsverkehr Putz erhalten. Diese machen einen Unterschied

*Abb. 21. Römer in der Toga*

Antike Statue. London, British Museum

Abb. 23. Römer in der Toga
*Antike Bronze Statue*

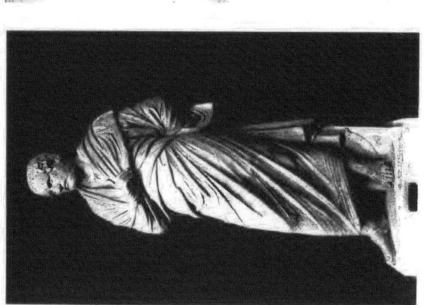

Abb. 22. Grieche im Himation
*Aeschines. Antike Statue in Neapel*

unter dem *Wilde* und besetzen die abgezogenen
Häute mit gefleckten Pelzen von Tieren, welche
das jenseitige *Weltmeer* und die unbekannte
See erzeugt." Die Eskimos, die nach Klaatsch
in allen Äußerungen ihrer Kultur an die Men=
schen des Magdalénéen erinnern, schmücken
ihre Pelzkleider in ganz ähnlicher Art, indem
sie dieselben noch mit Streifen von andersfar=
bigem Pelz besetzen.

Das Tierfell ist zum Ausgangspunkt der
menschlichen Kleidung geworden. Es war ge=
wissermaßen die erste Etappe in der Umwand=
lung des Schmuckes zur Bekleidung. Wie der
Mensch aber schon in der frühesten Zeit sein
Augenmerk auf die Vermehrung und Bereiche=
rung seines Vorrats von Schmuck gerichtet hat,
so hat er auch unablässig danach getrachtet,
seiner Bekleidung neue Materialien zugänglich
zu machen. Das erste wird gewesen sein, daß
er durch Entfernen der Behaarung aus dem
Tierfell das Leder bereiten lernte. Wie früh
das der Fall gewesen sein mag, wissen wir nicht.
Sicher ist nur, daß der Pfahlbauer die Zube=
reitung des Leders kannte. Das abgeschorene
Haar muß ihn dann auf die Verwendung des=

Fellkleidung.
Silen im Satyrdrama. Antike Statue.
Aus Baumeister, Denkmäler des
klassischen Altertums.

selben geführt und zur Erfindung der Wolle veranlaßt haben. Dieser Fort=
schritt konnte allerdings erst gemacht werden, als der ursprüngliche Zustand
des Jägers dem des Ackerbauers gewichen war, als der Mensch, statt das Tier
zu jagen, Vieh züchtete. Die Änderung seiner Kleidung steht in innigstem Zu=
sammenhang mit der Änderung seiner Lebensweise, vorzugsweise seiner Er=
nährung. Die Kultur des Jägers ruhte wesentlich auf der Tätigkeit des Mannes,
der das Tier zu erlegen und damit Nahrung und Kleidung herbeizuschaffen
hatte. Die Arbeit des Ackerbauers lag auf den Schultern der Frau. Dem

*Manne scheint das Fell als Kleidung länger verblieben zu sein. Vasenbilder von Tiryns zeigen z. B. die Männer in Tierfelle gehüllt, während die Frauen Stoffe tragen. Bei den Naturvölkern ist es noch jetzt der Fall. Schweinfurth traf im Innern Afrikas Stämme, bei denen sich der Mann ebenfalls in Felle kleidet, während die Frau darauf angewiesen ist, die Materialien ihrer Bekleidung aus dem Pflanzenreich zu gewinnen. In dem Augenblick, in dem die Frau beginnt, sich mit der Kleidung zu beschäftigen, gewinnt das ganze Gebiet der Kleidung eine Ausdehnung von unerhörtem Umfang und zugleich eine Bereicherung, die erkennen läßt, daß die Frau hier wirklich ihr eigenstes Gebiet gefunden hatte. Die Bekleidungskunst wird ihr verdankt, sie dürfte die Stoffe gewonnen haben, und sie wird die verschiedenen Techniken erfunden haben, um sie zu verarbeiten. Flechten, Weben, Spinnen, Schnüre drehen waren ihre Arbeit, und sie hat bald verstanden, sie in kunstvoller Art zu kombinieren und auf dem Gebiet des Körperschmuckes immer neue Entdeckungen zu machen und neue Effekte zu erzielen. Johanna Mestorf hat die Kleider untersucht, welche man bei Moorleichen gefunden hat, und festgestellt, daß die Technik derselben auf hoher Stufe steht und schon einen seltenen Grad von Geschicklichkeit erkennen läßt. Die Nähte sind besonders kunstvoll gelegt und geführt.*

*Im Ausbessern, Stopfen, Flickeneinsetzen verraten sie eine staunenswerte Fertigkeit. Die Technik der altgermanischen Wollenzeuge ist hoch entwickelt. Der Schafwolle sind Hirsch- und Ziegenhaare zugesetzt, sogar Pflanzenfasern, was auf eine hohe Ausbildung der Webekunst schließen läßt. Kunstvoll angelegte Webekanten und eine große Mannigfaltigkeit der Musterung zeigen erfinderische Liebe zur Sache. Zumal haben sich aus der Bronzezeit vortreffliche Gewebe aus Wolle erhalten. Sie veranschaulichen eine Eigentümlichkeit, die ausschließlich bei Geweben dieser Epoche beobachtet wird, daß nämlich die Fäden des Aufzugs nach entgegengesetzter Richtung gedreht sind, als die des Einschusses, wodurch eine große Haltbarkeit erzielt wird. In Baumsärgen Schleswigs fand J. Mestorf äußerst kunstvolle Wollstoffe, die in mehreren Lagen zusammengesetzt an der Oberfläche mit Tausenden kleiner Fädchen durchzogen sind, die kaum 2 cm lang an den Enden mit einem Knötchen versehen, dem Gewebe das Aus-*

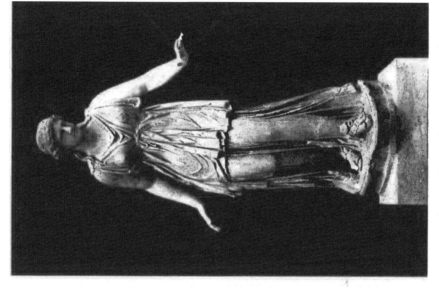

*Abb. 25. Diana, den Endymion erblickend*
Antike Gewandstatue im Vatikan

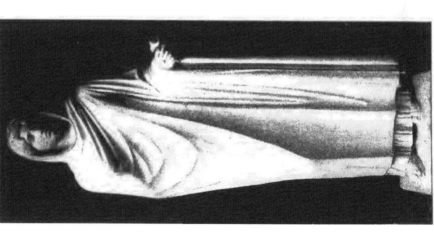

*Abb. 24. Griechin im Himation*
Um 460 vor Chr. Geb. Gips-Abguß im Berliner Museum
Aus Hirth-Bulle, Der schöne Mensch

*Abb. 27. Volant-Kleidung*

Assur-Nasir-Pal, König von Assyrien 885–860 vor Chr.
Statue im British-Museum, London. Aus Hirth-Bulle, Der schöne Mensch

*Abb. 26. Antonia, die Frau des Drusus*

Antike Statue in Neapel

*sehen von Pelz geben. Die Hallstattperiode, von der man annimmt, daß sie mit der homerischen Heldenzeit zusammenfällt, hat einen großen Reich= tum technisch wertvoller Gewebe hinterlassen. Die Stoffe sind, wir folgen Ranke, sämtlich aus Schafwolle hergestellt. In Feinheit, Technik und Fär= bung verschieden. Man kann zehn Muster unterscheiden vom Groben bis zur Feinheit eines Merinos; teils von einfacher glatter Weberei, teils dia= gonal in einfachen und doppelten Croisés gearbeitet, zeigen einige ein in einem anderen Muster als Bordüre gewebtes Ende. Die Gewebe sind teils braun, teils lichtgrün, bei mehreren braunen sind Kette und Einschlag von verschiedenen Tinten, wodurch eine Melierung entsteht. Ein Streifen aus schwarzer, mittelfeiner Schafwolle besitzt in der Mitte, der ganzen Länge nach, ein schachbrettartiges Muster aus braunen Fäden, in das außerdem Pferde= haare eingewebt sind. Die Kenntnis des Köperns der Wolle, wodurch der Stoff gemustert wurde, reicht bis in die ältere Eiszeit zurück. Neben die Wolle trat schon in unvordenklicher Zeit als Bekleidungsstoff die Leinewand.*

*Der Flachs ist von Ostindien bis zum Polarkreis verbreitet, so allgemein, daß man nicht mehr zu bestimmen vermag, wo seine ursprüngliche Heimat war. Da sein Name Linum usitatissimum aber wenig verändert von der ur= sprünglichen lateinischen Form durch die baskische, die keltischen und die germanischen Sprachen geht, scheint es doch, als habe er sich von Südost= europa nach Nord= und Westeuropa verbreitet. In englischen Grabhügeln der Bronzezeit fanden sich Leinengewänder, auch aus der Pfahlbauzeit ist grobe dichtgewebte Leinewand erhalten. Ebenso ein Gewebe, in das Stränge von rohem Flachs eingeflochten waren, die aufgeschnitten eine Art Pelz nach= ahmen. Nach Tacitus bevorzugten die Frauen der Germanen in ihrer Klei= dung die Leinewand, die sie schön zu färben wußten. Strabo berichtet, daß die Priesterinnen der Zimbern leinene Gewänder trugen. Aus späterer Zeit ist völlige Linnenkleidung auch für die Männer der Goten, Lango= barden und Franken bezeugt. Wie das Leinen ist auch die Baumwolle über die ganze Erde verbreitet und in beiden Welten bekannt.*

*Außer den Stoffen des Pflanzenreiches, die der Mensch erst in abgeleiteter Form verändert und zugerichtet für seine Kleidung nutzbar machte, wie Leinewand und Baumwolle, hat er auch die Rohstoffe in fast unveränderter*

4

*Gestalt benutzt. Pomponius Mela weiß, daß die Germanen Mäntel aus Bast trugen, die sie aus der Rinde des Lindenbaums verfertigten. Als die Neusee=länder in das Licht der Geschichte traten, waren sie in Matten gekleidet, die sie aus den zähen Blättern des wildwachsenden Flachses herstellten. Bei den heutigen Naturvölkern gibt es Mäntel aus Grasbüscheln, Pandanusblättern, Baumrinde, Schilfgeflecht. In Polynesien tragen die Frauen Röcke aus weicher Baumrinde, und in Brasilien gibt es nach Ratzel den sogenannten Hemdenbaum, eine Lecythisart, dessen Rinde den Indianern einen Stoff lie=fert, in den sie nur zwei Löcher zu schneiden brauchen, um ein fertiges Klei=dungsstück zu besitzen.*

*Wenn die Eitelkeit die Menschen erfinderisch machte, so hat sie auch schon in ältester Zeit dafür gesorgt, daß sie in Verkehr miteinander traten und die Gegenstände ihres Körperschmuckes miteinander tauschten. Fast möchte man annehmen, daß die Wurzel des Handels nicht die Gewinnsucht sei, sondern die Putzsucht. Schon in vorgeschichtlicher Zeit müssen im Nor=den fremde Gewebe großen Beifall gefunden haben, besonders scheinen die orientalischen Baumwollstoffe, die so reizvoll sein können und durch die Ver=mischung mit Gold= und Silberfäden so prunkvoll wirken, weit verbreitet ge=wesen zu sein. Aus dem Orient kam auch die Seide und eroberte sich die Welt durch ihre köstliche Schönheit. Nicht nur die hochkultivierten Länder um das Mittelmeer gerieten in den Bann dieses herrlichsten Stoffes, den mensch=liche Kunstfertigkeit zu ihrem Putze erschaffen, sondern auch die noch halb=wilden Reiche des Nordens. Das Rigsmal gibt an, daß ein neugeborener Jarl in Seide gehüllt werden soll. Grabhügel Jütlands haben Stoffe aus Gold und Silber durchwirkter Seide bewahrt, die in vorgeschichtlicher Zeit in diese Gegenden verhandelt worden sein müssen. Mit der Vermehrung des Mate=rials, das zur Bekleidung des Körpers erfunden oder herangeschafft wurde, vervollkommnete sich auch die Art und Weise seiner schneidertechnischen Bearbeitung. Es war schon davon die Rede, daß die Nähnadel bis in die aller=ersten Anfänge der menschlichen Kultur hinaufreicht. In den Höhlen des Périgord, die in der Eiszeit bewohnt waren, sind Nadeln aus Horn mit ge=bohrtem Öhr gefunden worden; die neolithische Periode kennt Nähnadeln aus Knochen, außerdem Webnadeln und Spinnwirtel. In Gräbern Perus fand*

*Abb. 28. Römische Gewandstatue sogen. Pudicitia*
Rom, Vatikan

*Abb. 29. Römische Gewandstatue*
Rom, Museo Nazionale

man Nähnadeln aus Bronze, Kupfer und den harten Dornen des Kaktus. Schliemann hat in Mykenä eine Sticknadel entdeckt. In der Urzeit hat man zum Nähen wohl die Tiersehnen benutzt, bis man gelernt hatte, Fäden her= zustellen und Schnüre zu drehen. Ein wichtiges Requisit im Nähzeug war die Schere, die in der Bronzezeit noch unbekannt ist und erst in der jüngeren Eisenzeit auftaucht. Sowie der erste Mensch die Nähnadel, dieses wichtige Instrument der Kultur erfand, so ist sie geblieben bis auf den heutigen Tag. Die eleganteste Frau des 20. Jahrhunderts bedient sich zum Nähen noch derselben Nadel wie ihre Urahne vor länger als 25000 Jahren. Die Nadel hat ihre Form nicht geändert, sie entstand und war vollkommen, nur in ihrem Material ist ein Fortschritt zu bemerken. An Stelle von Knochen und Horn trat die Bronze und erst sehr viel später das Eisen. Bis in das 14. Jahrhundert sind Nähnadeln nur aus Bronze angefertigt worden. Die ersten Nadeln aus Eisen bzw. Stahl stammen aus dem 14. Jahrhundert. Sie wurden in Nürn= berg zuerst hergestellt, sind in Frankreich aber erst um 1540, in England 15 Jahre später bekanntgeworden.

Wie geschickt die Frau mit der Nadel umzugehen wußte, lange, ehe ein Dichter sie deswegen rühmen konnte, haben die oben mitgeteilten Beobach= tungen, die Johanna Mestorf an den Kleidern von Moorleichen anstellte, gezeigt. So gut wie die weniger dankbaren Aufgaben von Stopfen und Flicken, handhabe die Frau aber auch die kunstreichen Techniken von Sticken und Stricken. Neolithische Tonstatuetten, die etwa um das Jahr 5000 vor Christi Geburt angefertigt worden sein mögen und aus dem Pfahl= bau von Brundorf im Laibacher Moor hervorgezogen wurden, zeigen eine Gewandung, die durch Gravierung angedeutet ist und deutlich die Verzie= rung durch Stickerei erkennen läßt. Der Stil des Ornamentes und die Art, wie es in großen Vierecken auf den Ärmeln angebracht ist, erinnern lebhaft an die Stickereien, die aus der Volkskunst des Balkans stammen und vor kurzem bei uns als bulgarische Mode wieder sehr beliebt wurden. Stricken ist jüngeren Datums. Immerhin kennt schon das Gudrunlied gestrickte Kleider für Jungfrauen.

Mit der Erfindung des Schmuckes und der Ausbildung desselben zur Klei= dung hatte der Mensch Möglichkeiten der Existenz von weittragender Bedeu=

*tung gefunden. Er lernte das Gesetz der Anpassung bewußt befolgen, dem die Tiere von der Natur gezwungen werden, unbewußt zu gehorchen. Er trat durch die Kleidung zu Tier und Mensch, zur ganzen Natur in ein wesent= lich anderes Verhältnis. Er besaß nun in der Kleidung einen Schutz sowohl gegen Unbilden des Klimas und der Witterung wie gegen feindselige An= griffe von Mensch und Tier. Er besaß in ihr einen Schmuck, der ihm gestattete, sein Verhalten gegenüber seinen Genossen beiderlei Geschlechts in Freund= schaft oder Feindschaft feiner zu differenzieren. Er hatte in ihr endlich die Möglichkeit gewonnen, sich selbst, seinen Stand, seine Sippe aus der All= gemeinheit deutlich abzuheben und wirksam zu einer Einheit familiärer oder staatlicher Art zusammenzuschließen. Vor allen Dingen muß dadurch das gegenseitige Verhältnis der beiden Geschlechter ein ganz anderes ge= worden sein. Wie schon im Eingange bemerkt wurde, entstand aus dem Ge= brauch der Kleidung erst das Schamgefühl, das die Beziehungen zwischen Mann und Weib zu veredeln wußte. Das ist so offenbar, daß manche Forscher, wie z. B. Heinrich Schurtz und Friedrich Ratzel, die Entwicklung der Kleider parallel zur Entstehung der Ehe verlaufen lassen. Sie nehmen an, daß nicht der Mann, sondern das verheiratete Weib am ehesten und vollständigsten verhüllt gewesen sei, daß der Alleinbesitz die Bekleidung der Frau aus Eifersucht veranlaßt habe. Das ist kaum mehr zu entscheiden, findet in der Praxis der heutigen Naturvölker aber durchaus keine allgemeine Bestätigung. Man darf beim Vergleich des Urmenschen mit dem Naturmen= schen am ehesten den Australier heranziehen, der im Bau des Skeletts, in Weichteilen und Behaarung dem Urmenschen nähersteht als irgendeine andere bekannte Rasse. Er hat sich, wie Weule sagt, am wenigsten von der Menschheitswurzel entfernt und bewahrt noch heute sämtliche Eigen= schaften der Hauptrassen im Keim. Gerade bei ihnen tragen z. B. die un= verheirateten Mädchen des Stammes einen Schurz, der ihre Hüftpartien bedeckt, aber abgelegt wird, wenn sie heiraten. Wenn nun auch dahin= gestellt bleiben muß, ob die Ausbildung der Bekleidung die Entwicklung genommen hat, die Ratzel und Schurtz annehmen, so ist es doch sicher gar keinem Zweifel unterworfen, daß die Kleidung zu Unterschieden und Vorgängen des Geschlechts in engster Beziehung steht. Noch heute prägen* sich die wichtigsten Vorgänge des Geschlechtslebens in der Kleidung mit größter Deutlichkeit aus. Das Kind wird anders gekleidet wie der Heran= wachsende, und wieder nimmt das reife Alter andere Kleider an. Die Braut, die zum Altar geführt wird, die Witwe kündigen ihren Stand durch die Farbe, die Art und Weise ihrer Kleidung in nicht mißzuverstehender Weise an. Die Frau hängt an solchen Bekenntnissen mit großer Zähigkeit. Sie hält vielleicht an diesen aus der Urzeit der menschlichen Kultur über= lieferten Bräuchen um so fester, weil sie es war, die von der erlangten völligen Bekleidung den größten Gewinn hatte. Die Bekleidung verlieh ihr in der Verhüllung größeren Reiz, als sie ihn vorher besessen, durch sie wurde sie eigentlich erst begehrenswert. Der Wert ihrer Persönlichkeit stieg, und damit änderte sich auch ihre soziale Stellung zu ihrem Vorteil. Hörnes hat ganz recht, die Ausbildung eines weiblichen Ideals in der Kunst in dem Augenblick beginnen zu lassen, in dem die vollständige Bekleidung der Frau einsetzt. Nun erst bekam die Phantasie den nötigen Spielraum, den sie zur Entfaltung ihrer schöpferischen Tätigkeit bedarf. Solange die Ge= schlechter gewohnt gewesen waren, sich gegenseitig nackt zu sehen, hatte der Anlaß gefehlt, der sie genötigt hätte, sich ästhetisch füreinander zu interessieren. Kein Naturvolk schätzt die Nacktheit als solche oder schöpft aus dem Anblick nackter Körper ästhetische Anregungen. Ihnen ist der bloße Körper das Häßliche und Gemeine. Es hat eine Reihe von Jahrhun= derten gebraucht, ehe der Kulturmensch auf weiten Umwegen, gereizt durch das fortwährende Verhülltsein, dazu gelangte, im nackten Körper das Schöne, das Ideal zu erblicken.

## ZWEITES KAPITEL

# DIE ENTWICKLUNG DER TRACHT

Die Bekleidung, entstanden aus dem Schmuckbedürfnis, unterstützt von dem Verlangen nach Schutz, war eine Äußerung freier Willenstätigkeit des Menschen, der sie erfand. Er schuf sie wohl, die Gesetze aber, denen sie zu folgen hat, sind höherer Art und unabhängig von seinem Willen, sie ge= horcht seinem Körper. Der Mensch kann sich bekleiden, er muß es nicht. Greift er indessen zur Kleidung, so bietet ihm sein Leib nur drei Stellen dar, um eine Hülle zu befestigen, den Kopf, die Schultern und den Tailleneinschnitt in der Körpermitte. So vielfach im Laufe der Jahrtausende die Arten der Beklei= dung gewechselt haben mögen, so spielerisch sich immer die Mode betätigt haben mag, an diese drei Möglichkeiten waren sie stets gebunden und werden in alle Ewigkeiten nicht von ihnen loskommen. Dieses ist das statische Grund= gesetz aller Bekleidungskunst, die Schwerkraft, die ihr die Richtung vor= schreibt, von der ihre Tendenzen auszugehen haben und auf die sie immer wieder zurückführen müssen. Neben diesem ersten und obersten Gesetz kommen noch andere in Betracht. Das wären der Einfluß, den Klima und Geschlecht auf die Kleidung üben können, aber nicht notwendigerweise üben müssen. Man unterscheidet zwar heute mit Gerland die Tracht in tropische, subtropische und boreale nach den Breitegraden, unter denen sie getragen wird; nach dem größeren oder geringeren Platz, den sie auf dem Körper einnimmt, sowie dem dichteren oder leichteren Gewebe, das für sie verwandt wird; aber diese Einteilung ist rein äußerlich, denn wie schon wiederholt ausgeführt wurde, gibt es Völker, denen die boreale Kleidung wohl zukäme, die sich aber dessen ungeachtet so wenig bekleiden, als lebten sie unter der glühenden Sonne der Tropen. Das Klima spricht nicht notwendig bei der Kleidung mit, dafür läßt sich schon der Umstand als Beweis anführen, daß

*Abb. 30. Reifrock oder Hosenrock*
Platte eines Siegelringes aus Mykenä
Aus Baumeister, Denkmäler

*Abb. 31. Plissée-Kleidung*
Entführung der Helena. Griechisches Vasengemälde des reifen Archaismus
Aus Baumeister, Denkmäler des klassischen Alterthums

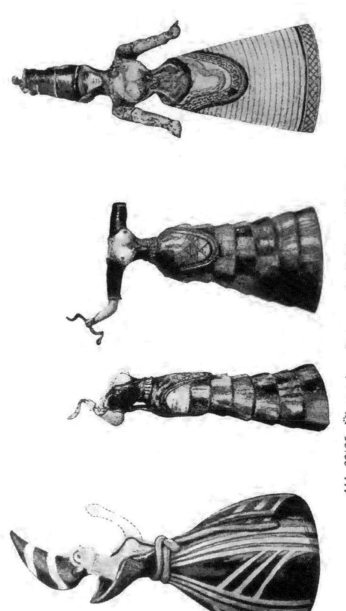

*Abb. 32/35. Übertriebene Betonung der Taille und Reifrock*

Fayence-Figuren aus dem Heiligtum der Schlangengöttin in Knossos auf Kreta
2. Jahrtausend vor Chr. Geb. Aus Hirth-Bulle. Der schöne Mensch

*gerade die boreale Kleidung, die man für die vollständigste halten muß, sich in den letzten Jahrhunderten über die ganze Erde verbreitet hat und heute von der gesamten Kulturwelt getragen wird. Ebensowenig hat sich das Ge= schlecht als bestimmender Faktor erwiesen.*

*Die Verschiedenheit der Tracht beider Geschlechter, die sich seit Jahr= hunderten durchgesetzt hat, ist uns so vertraut geworden, daß wir nur zu geneigt sind, in ihr ein höheres soziales Gesetz zu erblicken. In diesem Sinne schrieb W. H. Riehl: „Die große Hauptscheidung der Tracht in männ= liche und weibliche findet sich bei allen Völkern und in allen Perioden der Geschichte. Hier ist ein wahrer Consensus gentium." Viel schärfer noch drückt sich Rudolf von Jhering aus: „Bei allen Kulturvölkern wird der Unterschied des Geschlechts äußerlich durch eine Verschiedenheit der Kleidung kundgegeben, und das ist nicht etwa bloßer Brauch, Gewohnheit, sondern Sitte, d. h. eine Einrichtung zwingender Art. Ein Mann darf öffent= lich nicht in Weibertracht, ein Weib nicht in Männertracht erscheinen. Warum? Der ästhetischen Rücksicht wegen? Es ist richtig, daß die Ver= schiedenheit der anatomischen Struktur beider Geschlechter eine Ver= schiedenheit der Gewandung bedingt, und der ästhetische Gesichtspunkt mag ausreichen, um die Tatsächlichkeit dieser Verschiedenheit zu erklären. Aber das zwingende Gebot der Sitte erklärt er uns nicht. Das Motiv der Sitte ist nicht ästhetischer, sondern praktischer oder ethischer Art." Der berühmte Rechtslehrer ist in diesem Punkte ebenso im Unrecht wie der nicht minder berühmte Kulturhistoriker. Es mag sein, wie Jhering will, daß die Verschiedenheit der Tracht heutiges Tages eine fundamentale und uner= läßliche Einrichtung der sittlichen Ordnung der Gesellschaft bildet, an und für sich aber hat die Kleidung nichts mit der Verschiedenheit der Geschlechter zu tun. Sie hat mit der anatomischen Struktur so wenig zu schaffen wie mit den primären oder sekundären Merkmalen des Geschlechts. Jeder Blick in die Vergangenheit beweist das, und den Consensus gentium, den Riehl in bezug auf die Verschiedenheit der männlichen und weiblichen Tracht finden wollte, würde man mit ebendemselben Recht konstruieren können, wenn man an die Übereinstimmung derselben denkt. „Nicht anders ist die Tracht für die Frauen als für die Männer", schreibt Tacitus von den alten*

Germanen. Ein Grabstein, der in Mainz gefunden wurde und von Linden=
schmit in den Altertümern unserer heidnischen Vorzeit veröffentlicht worden
ist, illustriert diese Notiz des römischen Autors. Er zeigt eine trauernde
Germanin in einem enganliegenden Leibrock und Hosen, genau so, wie damals
auch die deutschen Männer gekleidet waren. Auf die Gleichheit der Grund=
form der germanischen Kleidung bei Mann und Weib deutet ferner der
Umstand, auf den Heyne hingewiesen hat, daß nämlich die Namen, mit
denen das Gewand des Mannes bezeichnet wird, auch für die Kleidungs=
stücke des weiblichen Geschlechtes gebraucht werden. Diese Gleichheit
trifft nicht nur bei den alten Germanen zu, sondern auch bei vielen anderen
Völkern des Altertums. Von der Königin Semiramis sagen Diodor und Justi=
nus aus, sie habe die Kleider von Jünglingen getragen, ein Gebrauch, der
sich auf Meder und Perser fortgepflanzt habe. Das braucht man nicht an=
ders zu verstehen, als daß die Kleidung der Assyrier für beide Geschlechter
so ähnlich war, daß ihr vielleicht nur geringer Unterschied Fernerstehenden
gar nicht ins Auge fiel. Ehe sie persische Moden annahmen, trugen die alten
Hebräer ein mäßig langes Hemd als Gewand, das für beide Geschlechter
das gleiche war. Die Griechen der frühen Zeit, wie die Römer in den Anfängen
ihrer Geschichte, kannten keinen Unterschied in der Kleidung von Mann und
Weib. Diese Reihe von Beispielen ließe sich beliebig lang fortsetzen,
ohne aber mehr zu beweisen, als daß der ursprüngliche Zustand der Körper=
bekleidung der der Gleichheit ist, und daß eine Verschiedenheit sich erst
durchsetzt, als der Zustand der Gesellschaft komplizierter wird.

Beide Geschlechter haben zum Anbringen und Befestigen ihrer Klei=
dungsstücke die gleichen Körperteile zur Verfügung. Bei beiden haben also
Formbildung und Entwicklung, von denselben Anfängen ausgehend, den=
selben Weg nehmen müssen. Den Uranfang der Kleidung erblicken wir im
tierischen Fell, das der Mensch zu seiner Hülle wählte, also in einem un=
regelmäßig geformten Stück, das er seinem Körper anpaßte, so gut das eben
gehen wollte. Als das Fell mit Fibeln befestigt wurde, war der zweite Schritt
zur Ausgestaltung der Kleidung geschehen, gewissermaßen das erste große
System der Kleidung geschaffen, das der Drapierung. Als ein anderer zwei
Felle aneinander fügte, sei es durch Stecken mit Nadeln, sei es durch Zu=

Abb. 37. Übertriebene Betonung der Taillen Linie
*Mekeo-Männer vom Papua-Golf*
Weule, Leitfaden der Völkerkunde. Leipzig 1912

Abb. 36. Übertriebene Betonung der Taillen Linie
*Wandgemälde aus dem Palast in Knossos auf Kreta. Etwa 1500 vor Chr.*
Aus Hirth-Balte, Der schöne Mensch

*Abb. 38. Mann in Frauenkleidern*

Apollo Kitharōdos. Antike Statue aus der Schule des Phidias in München, Glyptothek

sammenheften, war das zweite System ans Licht getreten, das der Schnei=
derei. Diese beiden Systeme sind noch jetzt die einzigen Mittel, deren die
Bekleidungskunst des Körpers sich bedient. Es sind die Grundprinzipien,
auf denen sie sich aufbaut. Das Tuch oder das Schneiderkleid, wir kennen
auch im 20. Jahrhundert nichts anderes. Das ursprünglichere von beiden, als
das ältere, ist das Tuch, das ja schon im Tierfell vorgebildet ist. Es muß in
der vorgeschichtlichen Zeit die am weitesten verbreitete und am meisten ge=
übte Art der Bekleidung gewesen sein. Darauf deutet schon der fast uner=
meßlich reiche Schatz an Nadeln, Fibuln und ähnlichen Schmuckstücken,
die bestimmt waren, die Enden des Tuches miteinander zu verbinden. Alle
Kulturstätten der Vorzeit haben solche hergegeben. Die Höhlen der Renntier=
zeit beginnen mit den sogenannten Kommandostäben, dann wird das Material
immer mannigfaltiger, die Form immer verschiedenartiger, die kleinen Be=
festigungsmittel werden in der Hallstattzeit zu wahren Kunstwerken, ebenso
vollendet in den praktischen Möglichkeiten, die sie bieten, wie in der ästhe=
tischen Durchbildung der schmückenden Motive. Die Neuzeit hat ihnen nichts
an die Seite zu setzen, das in der Form vollendeter wäre. Man hat die beiden
Systeme, das des drapierten Tuches und das des geschneiderten, geogra=
phisch verteilen wollen, indem man das erste dem Süden, das andere dem
Norden zuwies. Das trifft auch zu, soweit eine spätere Zeit in Betracht
kommt, und selbst da ist diese Einteilung nicht allgemein durchzuführen,
denn das zugeschnittene und genähte Tuch hat die Benutzung des lediglich
umgewickelten nicht ausgeschlossen. So muß das slawische Frauenkleid
noch im Mittelalter und schon zur Zeit, als die Nachbarvölker bereits ge=
nähte Kleider besaßen, immer ein bloßes Tuch gewesen sein, da die sla=
wischen Sprachen für Frauenrock und Tuch nur ein und denselben Namen
haben. Vielleicht hat die nordische Gewandung den Weg zum geschnei=
derten Kleid schneller zurückgelegt als die südliche, da sie jedenfalls mehr
auf eine schützende Kleidung ausgehen mußte als diese. Soweit die Denk=
male sprechen, ist auch im Süden das Schneiderkleid schon bis in die älteste
Zeit hinauf zu verfolgen. Der Unterschied zwischen Norden und Süden
bestand wohl hauptsächlich darin, daß der Norden sehr bald dazu gelangt
sein muß, den Körper Glied für Glied zu bekleiden, während der Süden

5

die Verhüllung des Körpers mehr als Ganzes betätigte. Der Norden sah die
Stücke des Leibes, der Süden die Einheit. Das Tuch konnte, so wie es vom
Webstuhl kam, zur Verhüllung des Körpers gebraucht werden und hat dem
Mantel seine Urform gegeben. Das viereckige Wolltuch, welches sich die
Germanen beider Geschlechter um den Leib wickelten, bildete nach Tacitus
ihre Hauptkleidung. Einige derartige Stücke sind uns erhalten. Im Juthe=
moor beim Edelhof Haraldskjär in Nordjütland fand man 1835 eine Frauen=
leiche, die in eine große plaidartige Wollköperdecke mit dunklen Streifen
und Fransen gekleidet war, bei Rendswühren in Holstein 1871 im Moor einen

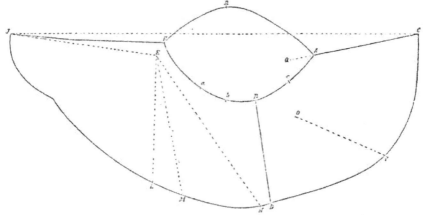

*Entwicklung der Kleidung aus dem Tuch. Schnitt der römischen Toga. (Nach Müller)*
*Aus Baumeister, Denkmäler des klassischen Altertums.*

Mann, der ebenfalls ein geflicktes Wollköpertuch umgelegt hatte. Schon das
Zuschneiden des Tuches bedeutete einen Fortschritt nach der Richtung der
Schneiderei hin. In Treenhöi bei Havdrup in Amt Ribe fand man in einem
Sarg, der aus einem Eichenstamm gehöhlt war, einen Krieger, der einen weiten
rundgeschnittenen Wollmantel trug. In der gleichen Art des nur umgelegten
Mantels benützte der Süden das Tuch, auf ihn geht die Kleidung Alt=Baby=
loniens zurück. Die Statuen des Stadtfürsten Gudea von Lagasch, die im
Zweiströmeland zwischen Euphrat und Tigris gefunden wurden und etwa
in das Jahr 2340 vor Christi Geburt gesetzt werden müssen, zeigen genau,

Abb. 40. Der Maler Auguste Bouquet † 1846
Selbstportrait. Aus L'Art Bd. 47

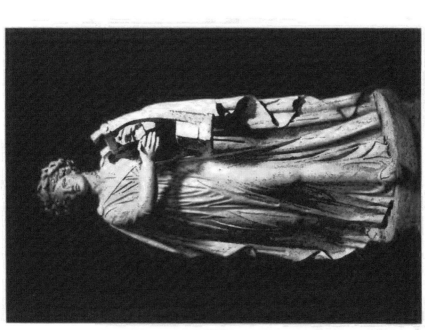

Abb. 39. Mann in Frauenkleidern
Apollo Musagetes. Antike Statue römischen Ursprungs im Vatikan

*Abb. 41. Stilisierung der Körperformen*

Burgundische Hoftracht. Dirck Bouts. Die Legende des Kaiser Otho

*wie die Sumerer sich mit ihrem Mantel bekleideten. Der Stoff geht von der rechten Körperseite über den linken Arm und die linke Schulter nach hinten und kommt unter der rechten Achselhöhle wieder nach vorn, so daß der Zipfel an der Brust fest eingesteckt werden kann und der rechte Arm und die rechte Schulter frei bleiben. Bei Griechen und Römern war das Stück Tuch ebenfalls das Hauptstück des Anzuges. Das griechische Himation war nichts anderes als ein länglich=viereckiges Stück Stoff, welches Männer und Frauen mantelartig über der Unterkleidung trugen. Es war von beträcht= licher Größe und wurde lose übergeworfen. Ganz ebenso hüllten sich die Römer in die Toga, welche man als das spezifisch römische Kleidungsstück, die Nationaltracht an sich, betrachten darf. Trotzdem die Toga nur ein Stück Stoff war, und trotzdem an antiken Denkmalen, welche sie darstellen, ebensowenig Mangel ist wie an literarischen Befunden bei den Schrift= stellern, welche von ihr sprechen, so ist es doch nicht gelungen, mit absolu= ter Sicherheit zu ermitteln, welches eigentlich ihre Form war. Müller, Weiß, Marquardt, Becker, von der Launitz u. a. haben großen Scharfsinn an diese Aufgabe gesetzt. Ihre Rekonstruktionen sind aber weder mit den Autoren noch mit den erhaltenen Kunstwerken ganz in Übereinstimmung zu bringen.*

*Das einfache Tuch in schmälerer Form ist der Lendenschurz, in dem Lip= pert die Ur= und Stammform der Bekleidung südlicher Völker überhaupt erblicken will. Er bildet in Ägypten jahrhundertelang die einzige Beklei= dung des Mannes. In der Gestalt eines dreizipfligen Schurzes wurde er um die Hüften gelegt, der dritte Zipfel zwischen den Beinen durch nach hinten gezogen. Das ist die Kulturtracht Ägyptens, wie sie uns auf den ältesten bekannten Denkmalen entgegentritt. Er muß auch die älteste Form der Be= kleidung römischer Männer dargestellt haben, denn der jüngere Cato wollte ihn zur Wiederherstellung der alten Sitten von neuem einführen und legte ihn selbst an, ohne Nachfolger zu finden. Einen solchen Lendenschurz in der Form eines kurzen Rockes trug auch die Kriegerleiche von Treenhöi noch außer dem großen Mantel. Die Verwandtschaft dieser Form mit dem heutigen Kilt der Schotten ist ganz unverkennbar. Bekleidungsformen, die aus Gründen der reinen Zweckmäßigkeit hervorgehen, vermögen Jahrtau= sende zu überdauern. Auch der neuen Welt war der Schurz um die Taille*

Das Tuch als Bekleidung. Bergschotten im Kilt.
Nach der Radierung von Göz. Um 1770.

bekannt. *Allerdings betont er hier mehr die Schmuckform und kann weder
als Hülle noch als Schutz angesprochen werden. Wandgemälde mexikanischer
Paläste, die vor der spanischen Eroberung entstanden sind, zeigen Männer
mit einer Bekleidung des Gürtels, die hinten in langer Schärpe endigt, die*

*Hüftpartie aber nicht verbirgt. Am deut= lichsten wird der Übergang vom Tuch zum ge= formten Gewand in der Klei= dung der Griechen,*

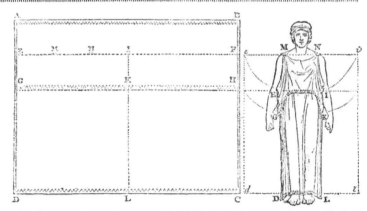

*Entwicklung der Kleidung aus dem Tuch. Das Umlegen des griechischen Chiton. Aus Baumeister, Denkmäler des klassischen Altertums.*

die das allmähliche Fortschreiten Schritt für Schritt zu verfolgen erlaubt. Der Chiton, den die Dorier von Wolle, die Jonier von Leinewand trugen, an dem die Griechen bis zum 5. Jahrhundert festgehalten haben, war ursprüng= lich nichts anderes als ein längliches Stück Stoff, das in der Mitte oben ein Armloch zeigte. Es wurde so umgelegt, daß die Seite mit dem Armloch links umgetan wurde, die beiden offenen Enden aber auf der rechten Schulter zu= sammengesteckt wurden. Ein Gürtel um die Taille gestattete den Stoff durch Raffen länger oder kürzer herabfallen zu lassen. Abgelegt wurde dieser Chiton wieder ein einfaches Stück Tuch. Als man die rechte offene Seite zusammennähte, war das Hemd fertig, anfänglich noch ärmellos, bald aber mit kurzen Ärmeln ausgestattet, schon in die Gestalt gebracht, in der wir es noch heute kennen. Dieses Kleidungsstück, das sich so einfach aus dem viereckigen Tuch heraus entwickelt hat, ist die Grundform, auf die wir die Frauentracht insgesamt und alle Männerröcke zurückführen können. Durch Kürzen oder Längen, Erweitern oder Verengern, vorn Öffnen oder Schließen werden daraus alle Formen, die Kulturvölker ihren Kleidungsstücken nur immer haben geben können. Der erste, der sein Tuch seitwärts zusammen= fügte und damit aus dem nur umzulegenden Stück Stoff ein Schlupfkleid machte, hatte eine Erfindung gemacht, die zahllose Geschlechter der nach

ihm Geborenen wohl endlos variieren konnten, die aber nicht mehr zu über=
treffen war. In der neuen Welt entstand das Hemd dadurch, daß man nicht
die Enden zusammenfügte, sondern in das viereckige Tuch ein Loch für
den Kopf schnitt, später auch noch Ärmel anfügte. Diese Gewandform,
die aus der Inkazeit Perus im Totenfeld von Ancon gefunden wurde, ist
noch heute bei den Indianern als Poncho in Gebrauch.

Wie die Bekleidungskunst schon in der Urform der Instrumente, mit denen
sie arbeitet, in Nadel und Schere für alle Zeiten die gültigen Formen fest=

Hemdförmige Bekleidung. Bronze Situla von Watsch in Krain.
Nach Hörnes, Urgeschichte der bildenden Kunst.

legte, so hat sie auch in dem Hemd das Urelement des geschneiderten Ge=
wandes hingestellt, das sich zwar vervollkommnen läßt, aber nicht mehr auf
einfachere Formeln zu bringen ist. Es erfüllt die drei wesentlichen Ansprüche
an Schmuck, Schutz und Schamhülle, die der Mensch an sein Gewand stellt
und entspricht damit allem auf einmal, was Natur= wie Kulturvölker von
ihrer Kleidung einzeln oder zusammen verlangen. So wie es bei den Griechen
entstand, wird sich das Hemd überall gebildet haben, es ist schon im Alter=
tum über die ganze Erde verbreitet. Die Germanen kannten es und nannten
es im Altnordischen smokkr, angelsächsisch smoc. Auf den Henkeleimern
der Bronzezeit, wie sie besonders schön aus der Hallstattperiode, in der Si=

*Abb. 42. Das Mädchen von Antium*
Antike Statue in Rom, Museo Nazionale

tula von Watsch in Krain und jener der Certosa von Bologna erhalten sind, sieht man lange Züge von Männern in ärmellosen Hemden, die auch nur selten Armlöcher haben. Auf der Bronzestatuette eines istrischen Kriegers aus Idria trägt dieser italische Kelte ein ärmelloses Hemd, das er um die Taille gegürtet hat und das ihm nicht ganz bis an die Knie reicht. Assyrer und Hebräer trugen das völlig deckende Hemd, das bei beiden Geschlechtern das gleiche war und den Hebräern, da wo sie noch heute unvermischt unter sich leben, als Kaftan für die Männer geblieben ist. Fast in der ursprüng= lichen Form, wie wir sie am schönsten in Griechenland finden, begegnet man dem Ärmelhemd auf peruanischen Vasen, aus der Zeit vor der Eroberung durch die Spanier. Die Männer tragen es da gegürtet und etwa bis zur Hälfte des Oberschenkels reichend. In einer rätselhaften und nicht völlig aufgeklärten Weise spielt das Hemd auch in den Vorstellungskreis der Ur= bewohner Australiens hinein, die es als Kleidungsstück zu eigenem Gebrauch nicht kennen. In einer Höhle am Glenelg im nordwestlichen Australien ent= deckte George Grey in den dreißiger Jahren des 19. Jahrhunderts ein pri= mitives Gemälde, welches einen Mann vorstellt, der vom Halse abwärts in ein rotes hemdartiges Gewand gekleidet ist, das mit Ärmeln versehen bis zu den Knöcheln der Hände und Füße herabreicht.

Das Hemd ist frühzeitig zum Kleid der Frau geworden. Während die ägyptischen Männer nur den Schurz um die Hüften als Bekleidung kannten, trugen die Frauen schon lange anscheinend ärmellose Hemden. Vorgeschicht= liche Elfenbeinstatuetten aus dem Niltal, die man etwa in das Jahr 5000 vor Christi Geburt setzt, zeigen Ägypterinnen in solchen Gewändern. Der griechische Frauenchiton ist kein anderer als das Hemd der griechischen Männer und wird auch in der gleichen Form getragen. Man unterschied den langen jonischen von dem kurzen dorischen, der vollends alle Kennzeichen des männlichen Kleidungsstückes trägt. Man verspottete die spartanischen Jungfrauen wegen des kurzen Chiton, den sie trugen, als die Hüftenzeigenden. In dem langen jonischen Frauenchiton hat das kunstbegabte Volk der Hellenen ein Kleidungsstück von hohem, ästhetischem Wert geschaffen. Er war sehr viel länger als der Körper, so daß er durch den Gürtel zu einem Bausch gehoben werden mußte. In dieser Raffung, ihrem weiteren oder

kürzeren Fall, in der durchaus subjektiven Anordnung dieser Falten, lag ein
Element freier Schönheit, dem kein anderes Volk in seiner Kleidung nahe=
gekommen ist. Die Römerin trug das gleiche hemdförmige Kleidungsstück
als Stola, bei dem sie wie die Griechin bestrebt war, durch die Gürtung einen
gefälligen Faltenwurf zustande zu bringen. Dieses Hemd ist das Frauenkleid
bis weit in das Mittelalter hinein geblieben. Frühgotische Skulpturen an den
Portalen der Kathedralen von Reims, Straßburg und anderen Orten zeigen
z. B. die Königin von Saba, Kirche und Synagoge und andere symbolische
Frauenfiguren in langen engen Ärmelhemden aus einem Stück, die ihre Haupt=
bekleidung bilden. Dieselben Hemden trägt noch der Chor der Seligen in
Giottos Fresko vom Weltgericht in der Kapelle dell'Arena zu Padua und
ein Menschenalter später die berühmte Figur der Pace von Ambrogio Loren=
zetti im Rathaus von Siena. Dieses in einem Stück geschnittene Kleid hat sich
trotz aller Veränderungen, welche die Folgezeit mit der Bekleidung der Frau
vornahm, bis in unsere Tage behauptet und ist unter den verschiedensten Namen
als Levite der Zopfzeit, griechische Chemise im Empire, Prinzeßkleid immer
wieder aufgetaucht. Sehr früh hat die Frau nämlich verstanden, dieses Hemd
durch einen einzigen energischen Schnitt völlig umzugestalten und einen An=
zug daraus zu machen, der ihrem Körper angemessener war als das eine un=
geteilte Stück. Sie schnitt das Hemd einfach in der Mitte durch und erhielt da=
durch zwei Kleidungsstücke für Ober= und Unterkörper, die Elemente eines
neuen Gewandstils. Diese Entwicklung, welche die Frauenkleidung nimmt,
zeigt im Norden und im Süden eine so merkwürdige Übereinstimmung, daß
man nicht mehr an einen bloßen Zufall denken darf, sondern annehmen muß,
daß die Frau bewußt zu einer Zweiteilung ihres Kleides schritt, weil ihr diese
erlaubte, einen Naturfehler ihres Wuchses zu korrigieren. Die Körpermitte
des Weibes liegt tiefer als die geometrische Mitte des Körpers, darum spricht
der ungalante Schopenhauer von dem „kurzbeinigen Geschlecht". Ärzte und
Anatomen wie Ellis, Topinard, Harleß, Quetelet haben das festgestellt, ein
Künstler, wie Rudolf von Larisch, diesen Schönheitsfehler des Weibes ästhe=
tisch erklärt. Man versteht unter Körpermitte eine horizontale Ebene, welche
durch den Damm des menschlichen Körpers gelegt gedacht wird und die
aufrechte Gestalt in zwei Teile zerlegt. Bei Männern liegt sie in der Mitte der

*Abb. 43. Verbreiterung des Oberkörpers*
Zeichnung von Hans Holbein in Basel

Figur, an der knorpeligen Verbindungsstelle der beiden Schoßbeine, bei Weibern unterhalb der wirklichen Mittellinie. Diese Verschiebung der Proportionen ist anatomisch wohlbegründet, immerhin eine der Ursachen, warum die Erscheinung des Weibes der des Mannes an Schönheit nachsteht. In den Werken der bildenden Künste tritt dieser Fehler nicht hervor, weil der Künstler ihn verbessert. Instinktiv muß das Weib schon in einer Zeit, der ästhe= tische Beobachtungen gewiß noch fern= lagen, diesen Mangel empfunden haben, das Verstecken des Unterkörpers durch ihre Kleidung spricht dafür. Zu diesem Zweck nahm sie das weite faltige Ge= wand an, das die Beine verhüllt, zu die= sem Zweck nahm sie die Zweiteilung des Gewandes vor, die noch geeigneter war, die Disproportionen von Ober= und Unterkörper zu verwischen, zu diesem Zweck schuf sie endlich in späterer Zeit das Korsett, das eine hochliegende Rumpfbasis vortäuscht. Ob diese Zwei= teilung des Frauenkleides früher im Nor= den stattfand als im Süden, wer sie zuerst vornahm, ist nicht mehr festzustellen. Man trifft sie schon sehr früh an ver= schiedenen Orten. Die schwarzfigurigen Vasenbilder des älteren Stils zeigen Grie= chinnen in einer faltenlosen weiten, locker um die Brust hängenden Jacke, die nicht ganz bis zur Taille reicht. Sie stellt ein besonders genähtes Kleidungs= stück mit eingesetzten Ärmeln vor.

Weibliche Kleidung aus Wollenstoff, gefunden in einem Eichensarg der Bronzezeit bei Borum Eshöi in Jüt= land. Nach Oskar Montelius, Kultur= geschichte Schwedens. Berlin 1885.

6

Frauen mit Röcken. Spanisches Höhlen=
gemälde der Renntierzeit. Nach Hörnes,
Urgeschichte der bildenden Kunst.

Weniger kunstvoll, aber in der glei=
chen Art geteilt, war die Bekleidung
einer weiblichen Leiche des Bronze=
zeitalters, die 1871 in dem Grabhügel
Borum=Eshöi bei Aarhuus in Jütland
gefunden wurde. Sie lag in einem
ausgehöhlten Baumstamm und trug
außer einem großen Mantel eine
Ärmeljacke und einen langen Rock.
Die Jacke war unter den Ärmeln
und auf dem Rücken zusammenge=
näht, die Rückennaht so grob, daß
man annehmen darf, sie muß immer
vom Mantel bedeckt gewesen sein.
Vorn war ein Schlitz, der wohl
durch eine Spange oder Brosche geschlossen wurde. Der Rockbund wurde
von zwei wollenen Bändern gehalten. Montelius macht darauf aufmerk=
sam, daß diese Bekleidung noch heute in allen ihren Teilen samt Haube
und Gürtel derjenigen der Landfrauen Skandinaviens entspricht, sich also
länger als zwei Jahrtausende unverändert erhielt. Die neolithischen Figuren
mit den gestickten Jacken aus dem Laibacher Moor, sind bereits oben an=
geführt worden.

Der Rock allein, ohne Jacke, gehört der frühesten Zeit an und zeigt sich
schon in Denkmalen aus der Renntierzeit. Gemälde spanischer Höhlen
stellen Frauen in zipfelnden Röcken dar, die etwa
bis zur halben Wade reichen und den Unterkörper
glockenförmig umgeben, während der Oberkörper
völlig unbekleidet erscheint. In geradezu über=
raschender Weise nähert sich dieser Stil der Be=
kleidung dem von Mykenä, wo wir z. B. auf gra=
vierten Ringplatten Frauen begegnen, die bis zur
Taille nackt sind, den Unterkörper aber in Röcke
hüllen, die, wie die spanischen, die Form der

Reifrock oder Hosenrock?
Abdruck eines Siegelringes
aus Mykenä. Aus Hörnes,
Urgesch. der bild. Kunst.

Glocke annehmen und bei der Ungenauigkeit der Darstellung sogar daran zweifeln lassen, ob wir hier nicht das älteste Beispiel des geteilten Rockes vor uns haben. Die Ärmeljacke ging auch in den Kleidervorrat des Mannes über. Die rohen Menhirfiguren, die man in die erste Metallzeit setzt, wie z. B. das Menhirstandbild von Saint Sernin, Aveyron zeigen, trotz der primitiven nur andeutenden Ausführung, daß der Mann eine kurze Jacke mit Halsloch trägt. Man er= kennt sogar am unteren Rand dieses bis über die Hüften reichenden Kleidungsstückes einen doppelten Saum. Ebenso lassen Kriegergrab= steine der ersten Eisenzeit aus Villafranca im Val di Magra ganz deutlich eine Jacke unter= scheiden, die noch den halben Oberschenkel bedeckt und mit zwei Wulsten aufhört, die man als Doppelsaum ansprechen möchte.

Jackenbekleidung.
Kriegergrabstein aus Villafranca.
Nach Hörnes, Urgeschichte der bildenden Kunst.

Wenn die Frau zu dieser Ärmeljacke als typisches Kleidungsstück ihres Geschlechtes den Rock annahm, so schuf sich der Mann als Charakteristikum des seinen die Hose. Sie reicht nach Ranke in eine uralte Periode der europäischen Indogermanen hinauf, hat aber Jahrhunderte gebraucht, bis es ihr gelang, die Alpen zu überschreiten. Der griechischen und römischen Tracht ist sie ursprünglich fremd. Man findet sie auf Kunstdarstellungen der Antike, nur zur Charakterisierung orientali= scher oder nordischer Völker, mit einem Worte all jener, die den Griechen als Barbaren galten. Die Trojaner wurden auf Vasenbildern so dargestellt, der schöne Paris, gewöhnlich in enganliegenden Beinkleidern. Auch die Amazonen erscheinen in der Vasenmalerei behost. Entstanden mag sie wohl im Norden aus den Stoffen

*Antikes Beinkleid der Barbaren. Skythe aus der Krim.*
*Nach einem Vasenbild. Aus Baumeister, Denkmäler des*
*klassischen Altertums.*

sein, die man zum Schutz um die Beine wickelte, sol= che Wickelgamaschen für die Unterschenkel sind in prähistorischen Eichensär= gen gefunden worden. Sie mußten festgebunden wer= den, was Paulus Diaconus für die Longobarden bestä= tigt, von denen er sagt, daß sie ihre Hosen mit weißen Bändern verschnürten. So schildert auch noch Einhard Karl den Großen. Friedrich Kauffmann hat in einer Studie zur altgermanischen Volkstracht den Entwicklungsgang der Hose verfolgt und festgestellt, daß die ursprünglich germanische Hose nicht aus ärmelförmigen Strümpfen bestand, sondern aus losen Lappen. Wenn sich der Ausdruck Hose nur auf die Unter= schenkel bezog, so galt das Wort „bruch" nur für das Kleidungsstück, das die Schamgegend und die Oberschenkel bedeckte. Das Wort stammt aus dem gal= lischen Bracca (germ. brok), woher auch der Gegenstand wahrscheinlich in der La=Tène=Zeit nach Deutschland eingeführt wurde. Ein Silberkessel aus Gun= destrup in Jütland zeigt bereits alle männlichen Fußgänger in gallischen Knie= hosen. Die Moorleiche von Marx Etzel im Amt Friedeburg, Hannover, trug eine derartige Kniehose. In Gallien war nach Polybius die Kniehose seit dem 3. Jahrhundert vor Chr. im allgemeinen Gebrauch. Die römischen Schriftsteller sprechen stets von Gallia braccata, dem behosten Gallien. In Deutschland war spätestens in der Völkerwanderungszeit die kurze gallische Hose in die Nationalkleidung aufgenommen. Die Römer waren zwar schon zur Zeit der Republik gewohnt gewesen, die Beine mit Binden zu umwickeln, die Kniehose lernten sie auch erst aus Gallien kennen, nach Tacitus durch einen gewissen Caecina, der sich im Jahre 70 n. Chr. zuerst in Italien mit diesem Klei=

dungsstück zeigte. Die Träger wurden anfangs arg verspottet. Zur Zeit Trajans aber muß die Kniehose schon allgemein üblich gewesen sein, denn auf den Reliefs der Trajanssäule gehört sie schon zur Uniform der Soldaten. Unter den Regierungen der bar= barischen Kaiser voll= ends trugen die Römer in Germanien, Gallien, Britannien immer die Kniehose. Seit Septi= mius Severus hatten sie die römischen Kaiser für ihre Person ange= nommen. Sie ging aus der Uniform in die all= gemeine Tracht über, und es wird wenig ge= nützt haben, daß Kaiser Honorius ein Verbot gegen das Tragen er= ließ. Die lange Hose ist ein altorientalisches Kleidungsstück. Im Norden entstand sie aus der Wickelgama=

sche, im Süden aus langen Stücken Stoff,

Antikes Beinkleid der Barbaren. Paris in asiatischem Kostüm. Nach einem Vasenbild. Aus Baumeister. Denkmäler des klassischen Altertums.

die vorn oder seit= wärts längs des Beines mit einer Reihe von Knöpfen oder Fibuln zusammen= genestelt wurden. So sieht man z. B. den Attys dargestellt. Die Hebräer entlehnten die Langhose den Persern und mußten sich deswegen von Jesajas

*Antikes Beinkleid. Attis. Nach einer
Statue im Louvre. Aus Baumeister, Denk=
mäler des klassischen Altertums.*

zurechtweisen lassen. Die Völker nörd=
lich des Schwarzen Meeres trugen lange
und weite Beinkleider; von diesen
Skythen, Parthern und Sarmaten schei=
nen sie die Germanen im Laufe des
3. Jahrhunderts n. Chr. kennengelernt
zu haben. Lucanus ist der erste rö=
mische Autor, der von der Annahme
dieses Kleidungsstückes in Deutsch=
land Kenntnis hat. So sieht man denn
auch auf den Kunstwerken, die uns die
ältesten Darstellungen germanischer
Völker überliefert haben, der Trajans=
säule Quaden und Marcomannen mit
enganliegenden, Daker mit weiten
Hosen, auf dem Siegesdenkmal von
Adamklissi Bastarner, auf Münzen
Domitians Chatten mit Beinkleidern
abgebildet. Furtwängler hat Hosen=
bekleidung bei nacktem Oberkörper
für die Germanen dieser Zeit als cha=
rakteristische Tracht erwiesen. Eine
Bronze aus Öland, dem Zeitalter der
Völkerwanderung angehörend, bildet
einen Mann in ebendieser Bekleidung
ab. Der Oberkörper ist bloß, die
Beine stecken in langen Hosen von
Tierfell. In dem langen Beinkleid der Damendorfer Moorleiche ist ein interes=
santes Exemplar eines derartigen Kleidungsstückes aus jener entfernten Zeit
erhalten. Interessant auch deswegen, weil es unten in Strümpfen endete, die
angenäht waren, also eine regelrechte Art von Trikot vorstellte. Von dem glei=
chen Schnitt ist das Exemplar aus dem Thorsberger Moor, das am Bund noch
die Schlupfen erkennen läßt, durch die hindurch es mit einem Riemen festge=

halten wurde, genau so wie heute noch Schwerarbeiter und Sportleute ihre Beinkleider zu befestigen pflegen. Im Moor bei Moeslund, im Kirchspiel Bor= ding, wurde eine Leiche entdeckt, die ein Gewand trug, bei dem Jacke und Hose in einem Stück gearbeitet waren. Sie war also genau so bekleidet wie die Frau auf dem Mainzer Grabstein, der oben erwähnt wurde.

Damit ist die Entwicklung der Bekleidung beider Geschlechter eigentlich abgeschlossen. Jacke und Hose für den Mann; Jacke und Rock für die Frau sind die Grundformen, aus denen alle späteren Kleidungsstücke entstanden sind. Sie waren schon im Zeitalter der Bronze festgelegt. Sie haben nicht einmal dadurch eine Bereicherung erfahren, daß man die Kleidung häufte und sie in mehreren Schichten übereinander anlegte. Von Kaiser Augustus ist bekannt, daß er ständig vier Kleider übereinander trug. Lydier und Phry= gier Kleinasiens hatten außer der Hose zwei bis drei Obergewänder an, Grie= chinnen und Römerinnen mindestens drei Gewandstücke auf einmal. Im Laufe des Mittelalters wurde die Doppelkleidung mit Wäsche unten und Kleidern darüber allgemein, ja sie hat sich s o gehäuft, daß Seckendorff 1816 in seinen Vorlesungen über Deklamation und Mimik darüber Klage führt, daß ein moderner Herr, wie er etwa im Winter auszugehen pflege, selten weniger als fünfzehn Hauptstücke zu seiner vollständigen Toilette brauche, meistens aber mehr als zwanzig. Auch dadurch ist, wie gesagt, keine neue Form ein= geführt worden, Mann und Frau häufen nur die gleiche Art des Schnittes und schälen sich wie Zwiebeln aus einer gleichförmigen Schale nach der anderen. Das ist ein Beweis für die innere Gesetzmäßigkeit der Kleidung, die Jahr= tausende haben zwar an ihr gemodelt, aber die Elemente ihres Aufbaues nicht antasten können. Es ist dabei zu beachten, daß die nordische Art und Weise des Anzugs, die den Körper gliedweise mit geschneiderten Stücken bekleidet, die südländische der Drapierung ganz verdrängt hat. Dieser Vorgang beginnt schon im Altertum mit dem Eindringen der Hose in die römische Tracht und setzt sich vollends durch seit dem Untergang der antiken Welt. Das Zeit= alter der Entdeckungen inauguriert dann den Siegeszug der europäischen Klei= dung über die ganze Erde. Sie ist Muster und Vorbild auch da geworden, wo ihre Schnitte, wie in den Tropen, den Träger nicht schützen sondern schä= digen. Der bekleidete Mensch wird Herr über den unbekleideten. Er macht *die Kleidung zum Symbol seines siegenden Willens. Der bekleidete Mensch ist für uns aber so zur Gewohnheit geworden, daß wir über die Sphäre der Klei= dung hinwegsehen, weil wir so gut wie ganz vergessen haben, daß wir schließ= lich alle nackt in unseren Kleidern stecken. Die Kleidung wird meist als etwas so Unwesentliches, ja völlig Gleichgültiges betrachtet, daß man gar nicht ge= wahr wird, daß die Gesetze, welche sie mit der Menschheit verbinden, mit ihren Wurzeln bis in die Tiefen des Unbewußten reichen, daß Probleme und Fragen mit ihr zusammenhängen, die zu den höchsten und letzten gehören. Die Kleidung ist mit der Sphäre des Gefühls und der Empfindung so innig verflochten, sie hängt so eng mit dem seelischen Leben zusammen, daß sie zum unmittelbaren Ausdruck desselben wird. Sie ist wie ein großes Schau= spiel, das der Mensch dem Menschen gibt, ein Offenbaren und Verstecken von Regungen und Geheimnissen, die vom Bewußtsein kaum noch abhängen. Der Schleier, mit dem der Mensch in der Kleidung sich vor der Natur ver= hüllte, hat ihn weit von ihr entfernt. Die Kleidung ist ein fortwährender Raub an der Natur, aber wenn sie den Menschen reicher und mächtiger gemacht hat, zum Glück ist sie ihm nicht geworden. Als der Mensch nach der Klei= dung griff, verschloß er sich das Paradies. Die Kultur, die im 19. Jahrhundert den im Stande der Unschuld lebenden Naturvölkern die Kleidung aufdrängte, brachte ihnen gleichzeitig alle Laster einer verrotteten Welt, die sich von der Natur abgekehrt hat.*

*Abb. 44. Verbreiterung des Oberkörpers*
Zeichnung von Hans Holbein in Basel

# DRITTES KAPITEL

# ÄSTHETISCHE UND PSYCHOLOGISCHE PROBLEME

*Auf das engste hängen Kleidung und Körper zusammen, sie bedingen sich wechselseitig. Der Körper hat sich die Kleidung erschaffen und ist ihr trotzdem untertan geworden. Sie ignoriert die Linien seiner Oberfläche und seines Baues, sie verachtet seine Funktionen. Die Kleidung ist es, die den Körper zwingt, ihren Gesetzen zu folgen, sich ihren Absichten zu fügen. Wohl sollte er das formgebende Element für sie sein, aber seine Schönheit existiert gar nicht für sie, sie verbirgt sie und ändert willkürlich alle ihre Linien. An Stelle der natürlichen Schönheit setzt sie eine künstliche nicht nur, sondern eine verkünstelte, der bekleidete und der unbekleidete Körper sind zu Gegenpolen der Ästhetik geworden. Als sich der Mensch in der Kleidung sowohl Schmuck wie Schutz errang, gab er die natürliche Schön= heit seines Leibes verloren, aber er erwarb zugleich durch sie eine solche Steigerung seiner Persönlichkeit, daß er dem errungenen Lustwert zuliebe auf die Verbindung mit der Natur Verzicht leistete. Es ist die Frage, ob man die Bekleidungskunst den Regeln der Ästhetik unterwerfen darf, ruht doch nach Dessoir das Hauptproblem der Kleidung auf den Friedensbedingungen zwischen Brauchbarkeit und Gefälligkeit, also auf einem Grunde von so zweifelhafter Tragfähigkeit, daß es unmöglich sein dürfte, ihre Kompro= misse von Regeln abhängig machen zu wollen. Ganz sicherlich darf man als Maßstab einer ästhetischen Bekleidung nicht den Körper wählen. Das wird schon aus dem Grunde nicht der Fall sein dürfen, weil die Entstehung der Tracht, ging sie auch ursprünglich aus dem Schmuck hervor, diesen Charakter längst eingebüßt hat und mit und neben ihm jedenfalls so viele andere Absichten verbindet, sei es des Schutzes oder des Schamge= fühls, daß das Urteil keinen Ausgangspunkt von absolutem Wert wird finden*

7

können. Die unzähligen Motive, die heute mit der Kleidung untrennbar zu=
sammenhängen, machen es fast unmöglich, sich auch nur darüber klar zu
werden, ob die Kleidung zweckmäßig ist, geschweige denn, ob sie schön
ist. Es kann kein Zweifel darüber herrschen, daß die Kleidung den Körper
ignoriert, daß sie ihn, der ganz auf der Entwicklung der Vertikale errichtet
ist, durch eine Fülle willkürlich von ihr geschaffener Horizontalen durch=
schneidet und seine wesentlichsten Linien dadurch zerstört oder umbildet.
Sie hebt die Einheit der Erscheinung völlig auf und schafft in der stofflichen
Umschreibung des Körpers, die sie gibt, ein Abbild seiner selbst, das im
Vergleich zum unbekleideten Leib eine Unmöglichkeit darstellt. Der mensch=
liche Körper ist auf Bewegung eingerichtet, die Kleidung betrachtet ihn als
einen immer Ruhenden. Im Augenblick, da er Kopf und Hände, Arme und
Beine rührt, sind die Absichten der Kleidung gestört, alle ihre Linien zer=
rissen. Eine Bekleidung, die für Ruhe und Bewegung geschaffen wäre, gibt
es nicht und gab es nicht, weit, unerreichbar weit, bleibt die Bekleidungs=
kunst da hinter der Natur zurück, für die die Schönheit des ruhenden Körpers
nur von der des bewegten übertroffen wird. Ebensowenig wird die Kleidung den
Proportionen des Körpers gerecht. Die edlen, in schönem Rhythmus gebildeten
Verhältnisse ersetzt sie durch vollkommen willkürliche Abmessungen, durch
die sie die vorhandene Gliederung geradezu aufhebt. Selbst da, wo sie an=
scheinend den Bau der Glieder nachzeichnet, wie in den Ärmeln oder dem Bein=
kleid, verwischt sie die feinen Details, die sie unterdrückt oder vergröbert.
Einen hohen Vorzug besitzt die Kleidung dagegen durch die Möglichkeit,
die sie hat, Fehler des Körpers zu verbergen, sie kann ausgleichen und ver=
schönern, ja Schiefes zum Graden umlügen. Etweder hebt sie den Geschlechts=
charakter auf oder sie übertreibt ihn, und doch hat die fortgesetzte Beklei=
dung des Körpers uns trotz aller dieser Gewaltsamkeiten und Willkürlich=
keiten dazu geführt, im nackten Menschen etwas Unvollkommenes zu sehen.
Wir kennen alle die Wahrheit und huldigen doch bewußt der Unwahrheit,
denn wir sind uns, wie Driesmanns sagt, physisch durch unsere Kleidweise
ganz fremd geworden. Dabei dringen in unsere Kleidung fortwährend und
von allen Seiten ästhetische Motive aller Art, so daß man sie, die sich doch
unter diesem Einfluß dauernd verändert, gern für ein ästhetisches Gebilde

*Abb. 45. Verbreiterung des Oberkörpers*

Holbein. König Heinrich VIII. von England

*Abb. 46. Verbreiterung des Oberkörpers*

Holbein. Jean de Dinteville und Georges de Selves. 1533

halten möchte. Sie folgt schon in ihren Anfängen den ästhetischen Gesetzen des Rhythmus und der Symmetrie, der Steigerung und des Kontrastes. Sie nimmt also, wenn sie vom Körper kein Gesetz empfangen will, doch jene der Ästhetik als bindend an. Alle Wirkungen, die sie auslöst, ob sie dieselben nun plastisch, durch Betonen der Formen, Entwickeln von Falten erreicht oder malerisch durch Farbe und Glanz, beruhen auf den gleichen Grundsätzen, nach denen auch die große Kunst schafft. Die Bekleidungskunst bedient sich derselben Mittel wie jene und setzt Formen und Farben in die gleichen Werte um. Die bewußte Absicht ihres Tuns dabei ist den menschlichen Körper anders zu machen, als ihn die Natur geschaffen hat, sagen wir also, ihn zu verschönern. Das sucht sie z. B. durch das Material zu erreichen, dessen sie sich bedient. Ihr Material ist zwar im Gegensatz zu dem dauernden, dessen sich die bildenden Künste bedienen, vergänglich, aber es hat vor jenem so unendliche Vorzüge voraus, daß man sagen darf, die Bekleidungskunst hat die Wirklichkeit der Dinge zur Verfügung, die bildende Kunst nur ihren Schein. Schon die Mannigfaltigkeit dieses Materials ist, betrachtet man nur Stoffe und Farben, geradezu unendlich. Von den schweren Sammeten und Tuchen bis zum leichtesten Kattun oder Musselin, welche unabsehbare Reihe von Geweben, die in ihrer Struktur immer neue Wirkungen hervorbringen können, dazu eine Skala von Farben, die keine Palette fassen würde. Volle, halbe und ge= mischte Töne, stumpf und glänzend, warm und kalt, das Licht aufsaugend oder reflektierend, ins Unendliche vermehrt durch Möglichkeiten der Mu= sterung, die niemals ganz ausgeschöpft werden können. Dieser verwirrenden Vielheit der Stoffe und Farben kann sich die Bekleidungskunst außerdem noch in der verschiedenartigsten Weise bedienen, sie kann sie glatt legen oder in Falten, sie bauschen, raffen, kräuseln, hängenlassen oder schleppen. Im Kombinieren der Farben, im Zusammenbringen durchsichtiger und durch= scheinender mit undurchsichtigen Geweben sind Veränderungen denkbar, die geradezu mit einer Schraube ohne Ende verglichen werden können. Zu dieser Grundlage, mit der die Bekleidungskunst schafft, tritt aber im Aus= putz ein weiteres Element von unabsehbarer Tragweite. Die Vielheit des= selben ist keineswegs geringer als die der Stoffe und Farben. Pflanzen=, Tier= und Mineralreich bringen nichts hervor, das nicht irgendwann und irgend=

7°

*wie schon der Bekleidungskunst hätte dienen müssen. Sie benutzt das alles wie ein Spiel, in dem sie Farben, Linien und Formen durcheinander tanzen läßt, eine Art angewandter Kunst, die auf den Gegenstand, dem sie dienen soll, nur projiziert wird, wie der flüchtige Schatten eines Lichtbildes auf die Wand. Indem die Bekleidungskunst sich den menschlichen Körper nach eigenem Gefallen zurecht zu modeln sucht, nimmt sie so wenig Rücksicht auf ihn, wie manche Architekten tun, die imstande sind, jedem beliebigen Gebäude eine klassizistische oder Renaissancefassade vorzuhängen, hinter der sich die Räume verbergen mögen, wie sie können. So mag der Mensch selbst sehen, wie er seine Körperteile mit der Kleidung in Einklang bringt. Es ist immer nur ein Zufall gewesen, wenn die Bekleidungskunst den Menschen so anzog, daß die Schönheit seines ursprünglichen Baues zur Geltung kam. Es ist das oft vorgekommen, wir kennen viele alte und neue Trachten, die kleidsam waren, aber wir möchten daran festhalten, daß zu ihrer Ent= stehung tausend Motive beigetragen haben können, vor allem immer das Bedürfnis des Wechsels, aber nicht ästhetische Rücksichten auf den Körper und seine Proportionen. Die Kleidung bedeckt den Körper, verhüllt ihn, verbirgt ihn, er ist für das Schaffen der bekleidenden Kunst nicht mehr maßgebend. Kommt aber irgendein Körperteil durch die Kleidung zur Gel= tung, so geschieht es sicher nicht aus einem ästhetischen Bedürfnis heraus, sondern aus Laune und meist aus einer Laune, die der Sinnlichkeit entspringt. Wohl gehört die Kleidung in die Gefühlssphäre der körperlichen Erschei= nung; wir dürfen sogar sagen, daß sie auf dieselbe den größten Einfluß hat, ja sie heute ausschließlich bestimmt, ihrer ästhetischen Wertung nach aber fallen Körper und Kleidung auseinander. Der bekleidete Körper stellt etwas so durchaus anderes dar als der nackte, etwas so ganz Neues, daß wir die ästhetischen Gesetze, nach denen wir den menschlichen Körper beurteilen, so wie er aus der Hand der Natur hervorgeht, auf den angezogenen Menschen nicht anwenden dürfen. Die Bekleidungskunst verleugnet ja schon den ersten Hauptsatz der Ästhetik, daß die Schönheit des menschlichen Körpers eine einzige sei, bedingt durch das Verhältnis aller Teile desselben zueinander. Sie zerpflückt, möchte man sagen, die Einzelheiten zu einem Haufen von aller= lei Schönheiten, aus denen sie sich dann die eine oder die andere herausgreift,*

*Abb. 47. Vergrößerung des Kopfes*
Fontange vom Ende des 17. Jahrh.
Erzherzogin Marie Elisabeth von Oesterreich. Anon. Schabkunstblatt

um ihr ein besonderes Interesse zuzuwenden. Der maßgebende Faktor in der ästhetischen Bewertung der Kleidung ist nicht der Körper, sondern das Schönheitsmoment des Materials, das für sie verwendet wurde, und die Art seiner Verarbeitung. Dabei muß man beachten, daß die Bekleidungskunst von den Grundsätzen der anderen bildenden Künste wesentlich abweicht. Die Architektur, die Plastik müssen von ihrem Material ausgehen, es ist etwas anderes, ob sie Eisen verwenden oder Holz und Stein, in Marmor arbeiten oder in Bronze gießen. Der Stil, in dem sie schaffen, ist ganz wesentlich be= dingt durch den Stoff, in dem der Künstler bildet. Das trifft bei der Be= kleidungskunst durchaus nicht zu. Ob sie Leinen oder Seide verwendet, ist ganz gleich, bei der Stilisierung ihrer Entwürfe spielt das Material nur eine nebensächliche Rolle, es wäre falsch, etwa von einem Leinen= oder Seiden= stil sprechen zu wollen.

Es hat bisher nur einen Gewandstil gegeben, und der hing nicht mit dem Material der Kleidung zusammen, ja, fast möchte man sagen, er entsprang mehr der schöpferischen Phantasie des Künstlers als der Realität der wirk= lichen Erscheinung. Es ist der Stil, den die Drapierungskunst der Griechen und Römer angeregt hat, eine Offenbarung plastischer Bekleidungskunst. Das griechische Himation wie die römische Toga umflossen den Körper in vollen und reichen Faltenmassen. An der Art, wie er sich elegant und ge= schickt das Himation umlegte und dabei einen schönen Faltenwurf hervor= brachte, erkannte man in Griechenland den Gebildeten. Die Kunst, sich an= zuziehen, sagen wir besser, sich zu drapieren, bildete einen Teil des Jugend= unterrichts. Die Anordnung der weiten und faltigen Gewänder war eine Schwierigkeit, um so mehr als in der guten Zeit gefordert wurde, die Arme im Himation zu verbergen und dasselbe bis über die Knie herabfallen zu lassen. Die römische Toga richtig zu tragen, war eine beschwerliche Ange= legenheit, die mühsam erlernt werden mußte. Petronius war zu seiner Zeit berühmt für die Eleganz, mit der er sie anzulegen wußte. Quintilian in seinem Unterricht für angehende Redner gibt genau an, wie derselbe bei jeder Art der Rede und bei jeder Phrase die Falten seiner Toga anders legen müsse. So wurden die attische und die römische Tracht an sich selbst schon zu Kunstwerken, und die Künstler haben dann dazu beigetragen, sie in ihren

*Werken zu einem Schönheitsideal umzubilden, das dem Wechsel des Ge=
schmackes nicht mehr unterliegt, sondern sich so lange in Geltung behaupten
wird, als noch ästhetisch empfindende Menschen auf der Erde leben werden.
Die Schönheit des Gewandstils, wie die Griechen der großen Zeit ihn ge=
schaffen, die Römer ihn nachgebildet haben, konnte nur aus einer Tracht ent=
stehen, die individuell völlig frei in ihrer Handhabung war. Das Auf und Ab
schwerer Massen in großgeschwungenen Linien, das leichte, fast schwebende
Spiel fliegender Gewänder, das Hin und Her zitternder Fältchen, das Mo=
dellieren in tiefeingeschnittenen Falten, die im Spiel von Licht und Schatten
die darunterliegenden Körperformen mehr zeigen als verhüllen: das alles er=
gibt einen Stil, der hinreißt und überzeugt. Glänzender als die Künstler der
Parthenonskulpturen es verstanden haben, die Gewandung zu stilisieren,
wird es nicht möglich sein. Die Siegesgöttinnen von der Balustrade des Nike=
tempels auf dem Parthenon, die Karyatiden des Erechtheion, die Eirene des
Kephisodot und andere Werke der Blütezeit der griechischen Kunst wissen
alle Einzelheiten der Tracht, der hängenden und bauschenden Falten zu
einer höheren Einheit zusammenzuschließen und aus ihnen eine neue Schön=
heit entstehen zu lassen. Wie aber mag sich die Wirklichkeit verhalten haben?
Müssen wir nicht im Kunstwerk ein Abbild sehen, das weit über sie hinaus=
ging? Heinrich Bulle hat festgestellt, daß die Falten, wie sie Alkamenes an
seiner Aphrodite bildete, in der Natur nur dadurch erzielt werden können,
daß man sehr dünnen und nassen Stoff benutzt, das kann doch im Leben
niemals vorgekommen sein. Der berühmte Sophokles im Lateran, der ebenso
bekannte Äschines in Neapel sind Porträtstatuen, bei denen die überzeugend
glückliche Charakterisierung der beiden so verschiedenartigen Persönlich=
keiten großenteils der genialen Behandlung des Gewandes zugeschrieben
werden muß. Werden sie wohl im Leben so ausgesehen haben? Bestenfalls
vielleicht in einem Augenblick der Ruhe, aber schon die geringste Bewegung
von Rumpf und Gliedern müßte die so geschickte Anordnung der Falten,
ihr ganzes raffiniert ausgeklügeltes System gestört haben. Ob der Stoff
sich dann wohl ebenso diskret über Leib und Schenkel spannte oder nicht
doch in unerwünschter Weise dies und jenes hervorhob, was weniger vor=
teilhaft war? Schon die Tatsache, daß die Griechen kleine Hilfsmittelchen*

*Abb. 48. Herren Kleidung vor 60 Jahren*

Gazette of Fashion. Juli 1852

*Abb. 49. Herren Kleidung von Heute*
Aus der „Herr", Berlin, R. Maurer, 1917

zur Erzielung eines schönes Faltenwurfs, wie Gewichte in den Zipfeln und anderes, nicht verschmähten, spricht für die Schwierigkeit, die ihre Tracht ihnen im Tragen bereitete. Die Gewandstatue des opfernden Römers in der Toga im Vatikan gilt in ihrer feierlich würdevollen Haltung durch die künstlerische Behandlung der reichen Faltenmassen der Toga für eine der ausgezeichnetsten und vorzüglichsten Gewandstatuen der römischen Kunst. Wenn wir uns nun im Anblick dieses Kleidungsstückes sagen, daß die Gelehrten sich noch nicht ganz einig sind, wie die Toga geschnitten war, muß da nicht der Verdacht rege werden, daß der Künstler zwar von der Wirklichkeit der Erscheinung ausging, aber doch völlig frei war, sie nach eigenem Wunsch umzugestalten? Er gab in der Statue das Ideal der Drapierungskunst, das, was die Bekleidungskunst der Zeit anstrebte, nicht die Erscheinung, wie sie tatsächlich auf Markt und Straßen zu sehen war.

Die Römerinnen der Kaiserzeit liebten es, sich in dem Kostüm darstellen zu lassen, das die Athenerinnen in der Epoche des Phidias oder des Praxiteles trugen. Die Münchener Glyptothek besitzt z. B. derartige Porträtstatuen vornehmer Damen aus den Jahren der augusteisch=klaudischen Periode, aus den Regierungen Trajans und der Antonine. Diese Damen würden sich doch nicht in einer Tracht haben verewigen lassen, die damals schon Jahrhunderte zurücklag, wenn sie mit der ihrer eigenen Zeit zufrieden gewesen wären oder angenommen hätten, daß es ihrer persönlichen Grazie gelingen werde, den Faltenwurf von Chiton und Mantel ebenso geschmackvoll herzustellen wie die bewunderten Vorbilder der griechischen Künstler. Möglicherweise sind die Tanagrafiguren, wie Wilhelm Weber annimmt, in der Tat wenigstens in dem Sinne Mode gewesen, als sie Vorbilder für die damals notwendigen Künste der Drapierung abgegeben haben können. Indessen sind die Rätsel, die diese Modebilder aufgeben, weit schwerer zu lösen, als man denken sollte. Wer sich entsinnt, wie wenig befriedigend heutzutage auf der Bühne das antike Kostüm wirkt, wo es doch mit allen Schikanen der Echtheit und Naturtreue nachgebildet zu werden pflegt, wer jemals Künstlerfesten in antikem Stil beiwohnte und mit Kopfschütteln inne= wurde, daß dieses hochgepriesene Kostüm durchaus nicht so kleidsam oder geschmackvoll aussah, wie man a priori annehmen wollte, der wird dem pla=

*stischen Stil der Bekleidungskunst nur noch recht skeptisch gegenüberstehen.*
*Keinesfalls dürfen wir, wenn wir uns die Kleidung der Griechen und Römer*
*vorstellen, dabei an den Gewandstil der hohen Kunst oder die Grazie der*
*Kleinkunst denken; für die Schönheit, die das Gewand da entwickeln kann,*
*ist allein der Künstler verantwortlich zu machen. Die Wirklichkeit muß von*
*diesem Ideal weit genug entfernt geblieben sein. Mag man das ästhetische*
*Gefühl der Griechen und Römer noch so hoch anschlagen, daß eine Klei=*
*dung, die so ausschließlich Persönlichkeitswerte enthält wie ihre Drapie=*
*rungskunst in der Bekleidung, wirklich immer Schönheit ergeben hätte, ist*
*ganz und gar nicht anzunehmen. Schon der Umstand, daß die griechisch=*
*römische Kleidung mit ihrer plastischen Note die einzige in ihrer Art blieb*
*und sich verhältnismäßig nicht einmal lange erhielt — die römische Toga wurde*
*schon in der Kaiserzeit mehr und mehr abgelegt und behielt schließlich nur*
*noch den Wert einer Hofuniform —, spricht dafür, daß sie ästhetisch nicht*
*befriedigt haben kann. Hätte sie das getan, so würden auch alle übrigen*
*Nachteile, die sie mit sich brachte, nicht vermocht haben, sie zu verdrängen.*
*In der Kleidung hat das Moment des Gefälligen ja immer vor dem des Brauch=*
*baren den Vorrang behauptet.*

*Die geschneiderte Kleidung hat die Drapierung verdrängt und an Stelle*
*zufälliger Wirkungen fest berechnete gesetzt. Das macht sie ästhetisch nicht*
*weniger wertvoll, es wechselt nur der Stil vom Plastischen zum Malerischen.*
*Wenn auch, wie Lipps betont, dadurch die freie Formensprache der Faltung*
*verlorenging, so gewann die Bekleidungskunst durch das geschneiderte Kleid*
*doch eine große Mannigfaltigkeit neuer Ausdrucksmittel und Werte. Der*
*Stil des antik=klassischen Gewandes hatte auf der Farblosigkeit, zum min=*
*desten Einfarbigkeit desselben und auf der Wolle als formbildendem Element*
*beruht. Das Schneiderkleid der Barbaren brachte außer einer reicheren Aus=*
*wahl an Material und Farbe in den Nähten ein neues ästhetisches Moment*
*zur Geltung. Jeder Blick auf unsere eigene Kleidung oder die der Nachbarn*
*überzeugt von der ausschlaggebenden Wichtigkeit derselben in ästhetischer*
*Beziehung. Die geschneiderte Kleidung von fester Form zieht ihre Haupt=*
*wirkung aus den Nähten, ihrer richtigen Anlage und Führung. Ihre Linien*
*ergeben den struktiven Aufbau eines jeden Kleidungsstückes, sie haben guten*

*Abb. 50. Vergrößerung des Kopfes*

Vigée-Lebrun. Königin Marie Antoinette

Sitz und Schönheit zu verantworten. Der wahre Künstler des Bekleidungs=
faches, der am höchsten geschätzte und am höchsten bezahlte, ist ja auch der
Zuschneider. Ohne daß man sich immer darüber klarwerden müßte, ist bei
dem geschneiderten Kleid die Naht der wichtigste ästhetische Faktor. Ma=
terial, Farbe, Ausputz stehen in der Beurteilung weit hinter ihr zurück. Der
einfachste Stoff von unscheinbarer Farbe, richtig gearbeitet, kann das kost=
barste Material von den herrlichsten Tönen in Schatten stellen, wenn dieses
etwa falsch zugeschnitten wäre. Das Wenige, was unsere Kleidung überhaupt
noch vom Körper zugibt, akzentuiert sie durch die Nähte, sie zeichnen sowohl
die gegebenen vertikalen Linien des Leibes nach wie die horizontalen, die die
Bekleidungskunst mehr oder weniger willkürlich einschaltet. Sie betonen
schließlich in den Säumen die anatomischen Grenzen. Die ältesten geschneider=
ten Kleider lassen schon erkennen, daß die Wichtigkeit der Naht sich von
Anfang an geltend machte. Die Germanen pflegten an ihren Fellkleidern
die Hauptnähte dadurch hervorzuheben, daß sie dieselben mit Streifen von
anderem Pelzwerk besetzten oder mit gefärbtem Leder einfaßten. Die Eskimos
tun das noch heute. Zahlreiche andere Völker haben an ihren Kleidern Naht
und Saum reich geschmückt, wie die ionischen Griechen Kleinasiens, die
schon das Benähen mit klei=
nen Metallplättchen übten.
Eine weibliche Figur, die in
einem Grabe der Bronzezeit
bei Kličevač in Serbien ge=
funden wurde, zeigt in der
Verzierung ihres Kleides,
wie man schon damals liebte,
den Rocksaum durch eine
breite hochhinaufreichende
Stickerei zu betonen. Zu
Naht und Saum tritt als
gleichbedeutend für die
ästhetische Wirkung der
Verschluß. Für das Wohl=

Frauenstatuette, gefunden in einem Tumulus bei
Kličevač in Serbien. Nach Hörnes, Urgeschichte
der bildenden Kunst.

8

*gefallen, das die Kleidung erregen soll, ist die Anlage der Schließein=*
*richtung von Wichtigkeit. Ob der Verschluß unsichtbar sein will, immer*
*der unglücklichste Versuch, oder durch Knöpfe hervorgehoben wird, ist*
*ein ästhetischer Faktor von ausschlaggebender Bedeutung. Auch er ge=*
*hört zu den Elementen, welche die Schneiderkunst vor der Drapierungs=*
*kunst voraus hat, ein Ausdrucksmittel, das keineswegs unterschätzt werden*
*darf. Die Art, wie die Knöpfe angebracht werden, sparsam oder mit Ver=*
*schwendung, wie sie gesetzt werden, gerade oder schräglaufend, ihre Größe,*
*die Orte, wo sie sitzen, alles das sind Momente, die den ästhetischen Eindruck*
*mitbestimmen. Nun kommt noch die unendliche Mannigfaltigkeit des Ma=*
*terials hinzu, aus dem die Knöpfe angefertigt werden können, das vom Brillanten*
*abwärts die ganze Skala des Geschaffenen überhaupt durchläuft, um darzutun,*
*daß der Knopf ästhetisch in der Bekleidung, wenn auch nicht an erster, so*
*doch auch nicht an letzter Stelle steht.*

*Von höchstem ästhetischem Wert in der Bekleidungskunst ist die Farbe,*
*die ja auch am lautesten und aufdringlichsten spricht. Griechen und Römer*
*bevorzugten das Weiß oder die Naturfarbe der Stoffe, wenigstens in der*
*guten Zeit. Sie wollten sich auch dadurch von den Barbaren unterscheiden*
*und haben allerdings eine Ausnahme von all ihren Nachbarn gebildet. Orient*
*und Okzident liebten die Farbe, Asiaten und Kleinasiaten, sowohl wie die*
*nächsten Nachbarn der Römer, die Gallier. Cäsar schildert sie als bunt ge=*
*kleidet; fast ein Jahrtausend später sieht man Kaiser Karl den Großen auf*
*dem Mosaik im Triklinium Leos III. im Lateran braun, grün und gelb angezogen,*
*und wieder ein halbes Jahrtausend später schreibt Montaigne: Die Franzosen*
*lieben das Bunte. Die Neigung zur Farbe in der Kleidung ist auch das Na=*
*türliche, der Verzicht auf sie, trete er nun in einer Vorliebe zum reinen Weiß*
*oder in einem Hinneigen zu unbestimmten Nuancen auf, immer ein Zeichen*
*von Kultur. Rot ist die Lieblingsfarbe fast aller Völker, der primitiven wie*
*der kultivierten. Der Urmensch der Eiszeit bemalte sich mit rotem Ocker,*
*der Kulturmensch des zwanzigsten Jahrhunderts kann das Rot in der Uni=*
*form nicht missen. Im Russischen sind die Ausdrücke für rot und schön*
*gleichbedeutend. Die Farbe der Kleidung ist ein Moment, in dem die Be=*
*kleidungskunst gezwungen ist, auf den Menschen Rücksicht zu nehmen. Will*

Abb. 52. Vergrößerung des Kopfes

Isabey. Königin Marie Antoinette 1783

*Abb. 53/54. Vergrößerung des Kopfes*

Französin mit Fontange. Modebild von Bonnart. Paris um 1700

sie anders ästhetisch wirken, so muß sie die Farbe der Kleidung mit Haut= und Haarfarbe in Einklang setzen. Vielleicht ist das mit ein Grund, daß wir so außerordentlich zahlreiche Nuancen ganz unbestimmbarer Farbtöne tragen müssen, denn wie sie in der Form auf den Körper gar keine Rücksichten nehmen will, so will die Bekleidungskunst es auch in der Farbe nicht tun und schafft sich in all den unausgesprochenen Farben dunkler oder melierter Tönung das Mittel, diese notgedrungene Rücksicht ausschalten zu können. Im Zusammenstellen der Farben, in der Wahl von Harmonien oder Kontrasten ist wieder ein ästhetischer Faktor von höchstem Wert gegeben, kompliziert durch die Verschiedenartigkeit der Musterung, die sich aus ihnen ergeben kann. Auch bei der Musterung scheidet der menschliche Körper als höchste Berufungsinstanz völlig aus. Unbekümmert um seine Gliederung teilt ihn ein Muster etwa in lauter Quadrate, ein anderes bestreut ihn von oben bis unten mit Kreisen oder Punkten, als gelte es nicht, die Erscheinung zusammenzu= halten, sondern sie auseinanderzuteilen. Logischer als in der Musterung muß die Bekleidungskunst im Ausputz zu Werke gehen, der an gewisse Haupt= richtungen gebunden ist, dem schon die eigene Struktur meist die Gesetze vorschreibt, nach denen er verwandt werden muß. Fransen, Quasten müssen hängen, Bänder sollen beweglich bleiben. Das Verhältnis der Besatz= zu den Grundstoffen regelt sich nach den Prinzipien, die auch in der Architektur das wechselseitige Verhältnis der tragenden und der getragenen Glieder bestim= men. Spitzen, Borten, Schmelz tragen in ihrer Leichtigkeit oder Schwere, in der Art ihrer Muster oder im Relief schon die wesentlichen Züge, die ihre Be= nutzung vorschreibt, wobei es aber geradesogut wie in der Baukunst vor= kommen kann, daß diese Gesetze einmal auf den Kopf gestellt werden. Etwa wie beim Dogenpalast: das Leichte unten, das Schwere oben liegt und doch eine große Wirkung erzielt wird.

Der Gewandstil der griechischen Plastik ist ein Versuch, den die Kunst unternahm, um sich mit der Kleidung auseinanderzusetzen. Er hat es fertig gebracht, den bekleideten Körper ebenso restlos den Anforderungen der Ästhe= tik unterzuordnen wie den nackten, und es ist für die künstlerischen Ergeb= nisse dabei unwesentlich, wieweit das Resultat mit der Wirklichkeit zu= sammenhängt oder nicht. Das Unwesentliche, rein Zufällige ist abgestreift.

8*

Die Disharmonien und Grausamkeiten der Natur sind ausgeglichen, die Er=
scheinung des bekleideten Menschen ist darin statuarisch auf die Höhe ge=
hoben, auf der eine raffinierte Kultur den Stil des Daseins bis in die letzte
Falte der Kleidung regelte. Der Gewandstil der griechischen Künstler ist
ein Ausdruck der Kunst, nicht der Kleidung. Die Bekleidungskunst hat,
wenn sie danach trachtete, ihren Schöpfungen Stil zu geben, nach anderen
Mitteln gegriffen, solchen, die nicht mit der Persönlichkeit zusammenhingen,
nicht mit den Formen des Individuums rechneten, sondern die Linien vor=
schrieben, nach denen der Träger sich einzurichten hatte. Diese Hauptlinien
sind die Vertikale, das Plissee, und die Horizontale, das Volant. Beide sind
uralt. So weit man auch in der Kunst des Orients zurückgehen mag, sobald man
Abbilder bekleideter Menschen trifft, begegnet man auch dem Plissee, d. h.
dem schmalen, auf künstlichem Wege erreichten Gefältel. Altchaldäische
Frauenstatuen aus dem Zweiströmeland, die wahrscheinlich in das zweite
Jahrtausend vor Christi Geburt hinaufreichen, tragen Gewänder, die ihrer
ganzen Länge nach in feine schmale Falten gelegt sind. Statuen ägyptischer
Könige und Priester, die teilweise sogar noch älter sind, tragen Schurze
und hemdartige Bekleidung in den gleichen festgeformten engen Falten.
Mädchenstatuen von der Akropolis, die der archaischen Kunst angehören,
tragen unter dem dorischen Peplos oder dem ionischen Himation plissierte
Unterkleider, wie nach Ausweis von Kunstwerken des reifen griechischen
Archaismus, besonders der Vasenmalerei, der Gebrauch der regelmäßigen
steilrechten künstlichen Falten in der Kleidung der Männer und Frauen jener
Zeit allgemein üblich gewesen sein muß. Indische Reliefs vom östlichen Tore
von Sântschî zeigen in den Darstellungen aus der Kâçyapalegende alle
Männer in Hemden, die sorgfältig plissiert sind.

Das Plissee betont die Senkrechte, das Volant die Horizontale, beide Me=
thoden der Stilisierung scheinen von gleichem Alter zu sein. Auf altchaldä=
ischen Siegelzylindern sieht man z. B. Frauen in Röcken, die ganz in Volants
aufgelöst sind, man zählt vom Gürtel bis zum Rocksaum sechs Volants über=
einander. Die Bildsäule des assyrischen Assurnasirpal im British Museum
zeigt den Fransenbesatz seines langen Gewandes in volantartigen Reihen
angeordnet.

*Abb. 56. Vergrößerung des Kopfes*

Frisur „au chien couchant". Um 1780. Anon. Schabkunstblatt

Die strenge Stilisierung der mykenischen Kunst muß auch in der Klei=
dung ihren Ausdruck gefunden haben. Die Bronzestatue einer Frau im
Berliner Museum läßt deutlich den Volantrock erkennen. Die kretische Kunst
der Kamaresperiode, etwa um das Jahr 2000 vor Christi Geburt, kennt in
der weiblichen Tracht ebenfalls den Volantrock, an dem die gehäuften
Horizontalen durch eine schräg fallende Tunika überschnitten werden. Als
eine Stilisierung des Kleides ist auch die Schleppe aufzufassen, welche durch=
aus geeignet ist die Proportionen im Sinne einer anscheinenden Höhenver=
schiebung zu beeinflussen. Wie das Plissee den Körper streckte, so verstärkt
das Volant den Breiteneindruck; unterstützt die Schleppe die Wirkung nach
der Höhe, so betont der Glockenrock die seitliche Ausdehnung. Die
Weitung und Spannung des Kleides nach unten muß zu den Formen gerech=
net werden, durch welche die Bekleidungskunst eine Stilisierung der Figur
anstrebt. Dieser Versuch ist erfolgreicher wie jeder andere, denn die Beklei=
dungskunst gibt dem Körper dadurch eine Form, die ihm die Natur versagte.
Sie dokumentiert damit ihren Sieg über Wahrheit und Wirklichkeit und tut
dar, daß der bekleidete Mensch in der Tat ein Kunstgeschöpf ist. Der Glocken=
rock, oder sagen wir lieber gleich der Reifrock, ist so alt wie Plissee und
Volant, er fehlt selbst den Naturvölkern nicht. Ein alter Reisebericht aus
Afrika schildert die Erscheinung der vornehmen Frauen in Weidah, die
fünf bis sechs Tücher, Pagnen, um den Leib trugen, von denen das obere
immer kürzer als das nächstfolgende war. Auf diese Weise bildeten sie einen
Wulst um die Lenden, der ihnen das Aussehen eines Reifrockes gab und
zugleich durch seine Abstufung die so geschätzte Volantform herstellte.
Die Grasröcke der Mädchen gewisser Stämme in Zentralafrika unterscheiden
sich in nichts von dem Tutu unserer Balletteusen. Auf mexikanischen Wand=
gemälden sieht man Gestalten, es ist unsicher, welchem Geschlecht sie ange=
hören, die zu nacktem Oberkörper weite glockenförmige Röcke von der
Taille bis zu den Füßen tragen. Am überraschendsten, weil sie gewissen
Formen der modernen Kultur so überaus ähneln, sind die Trachten, die man
aus Kreta kennengelernt hat. Fayencefiguren aus Knossos stellen Prieste=
rinnen in einem Rock dar, der an der Taille schmal beginnt, an den Füßen
breit wird und dabei von der Seite betrachtet doch ganz schmal ist, also

genau der absonderlichen Form des Reifrocks entspricht, wie er in der ele=
ganten Welt des 18. Jahrhunderts Mode war, und dabei setzt man diese
Figuren in das 2. Jahrtausend vor Christi Geburt. Auch die schon einmal er=
wähnten Denkmale neolithischer Kleinplastik aus Kličevač zeigen die Rock=
form in der Gestalt einer sich nach unten erweiternden Glocke. Soll diese
Form zu voller Geltung kommen, so ist es unbedingt nötig, ihren Ausgangs=
punkt, die Taille, künstlich zu verengen, denn diese ganz auf die Dreiecks=
form eingestellte Stilisierung verlangt geradezu nach der tunlichsten Her=
vorhebung der Kontraste, unten möglichst weit, also oben möglichst eng.
Das eine bedingt ganz von selbst das andere. Die merkwürdig moderne Art,
in der die Kreterinnen der Kamaresperiode anmuten, beruht denn auch dar=
auf, das sie ohne Zweifel eine Art Korsett getragen haben müssen, das den
modernen nicht unähnlich gewesen sein kann. Die Taille, mit den hoch= und
herausgeschnürten Brüsten, ist stark verengt, und wenn die künstlichen Mittel,
deren man sich zur Herstellung dieser Figur bediente, auch nicht deutlich zu
erkennen sind, so ist doch sicher, daß man solche gekannt und angewandt
haben muß. Die gleiche Erscheinung beobachtet man an der schon genannten
mykenischen Bronzefigur des Berliner Museums. Diese Beispiele stammen aus
Zentren alter Kultur wie Knossos und Mykenä, das Streben nach einer Stili=
sierung des menschlichen Körpers gehört aber nicht nur entwickelten Kulturen
an, es war schon den Menschen der prähistorischen Zeit zu eigen und findet sich
ebenso bei den heutigen Naturvölkern. Man darf also in diesen Versuchen
typische Charakterzüge allgemein menschlicher Art erblicken, das Streben
erkennen, das die Menschheit je und je angetrieben hat, den eigenen Körper
zu verändern, indem man seine Hauptlinien übertrieb. Diese Tendenz ist
durchaus nicht auf die Frau beschränkt geblieben, bei ihr anscheinend nicht
einmal zuerst zum Ausdruck gelangt, denn das älteste Denkmal, das uns von
diesem Wunsche Kenntnis gibt, ist ein Flachrelief aus der Grotte von
Laussel in der Dordogne, der neolithischen Zeit angehörig, das einen Jüng=
ling darstellt, dessen eigentümlich schlanke Taille kaum ohne künstliche
Nachhilfe entstanden sein kann. Hörnes macht darauf aufmerksam, wie
außerordentlich nahe die Erscheinung dieses Epheben den Jünglingsfiguren
aus Knossos steht. Das Kleidungsstück, mit dem diese Form der Kleidung

*Abb. 57. Vergrößerung des Kopfes*

Unbekanntes Damenportrait. 1817

hervorgebracht wurde, ist zwar auf keiner dieser Gestalten zu erkennen; es kann aber wohl kein Zweifel darüber obwalten, daß, wenn diese Formen ein Ideal bildeten, und das müssen sie doch, wie hätte man sie sonst dargestellt, man auch Mittel und Wege gefunden haben wird, dieses Ideal zu verwirk= lichen. Daß solche Mittel, wenn man sie anders sucht, auch zu schaffen sind,

*Übertriebene Betonung der Taille. Relief vom Steinzaun von Amaravati. Nach Grünwedel, Buddhistische Kunst in Indien.*

zeigen die Mekeomänner vom Papuagolf in Neuguinea, deren fabelhafte Tailleneinschnürung durch breite Gürtel von Baumrinde hervorgebracht wird. Die weite Verbreitung des Ideals der eingeschnürten Taille beweisen auch altindische Skulpturen. So sieht man auf einem Relief vom Steinzaun von Amaravati einen kleinen Stupa auf dem Thron, verehrt von Nagas, deren

Übertriebene Betonung der Taille.
Die Göttin Kamala. Nach Grünwedel,
Buddhistische Kunst in Indien.

schmale Taille, hochliegende Brüste und breite Hüften an die Figuren von Knos= sos erinnern. Spätindische Plastiken der Göttin Kamala, der Göttin Lakschmi halten an diesem Ideal, das nur durch Überstilisierung der natürlichen Formen entstehen kann, fest.

Dem Versuch, den die Bekleidungs= kunst Mykenäs mit dem Korsett machte, ist lange Jahrhunderte hindurch kein weiterer gefolgt. Griechinnen und Röme= rinnen der Spätzeit kannten zwar Brust= binden, richtige Schnürvorrichtungen scheinen aber nicht im Gebrauch ge= wesen zu sein. Als der Versuch abermals unternommen wurde, mußte die Schnü= rung geradezu neu erfunden werden. Als in der Zeit höfischer Kultur im 12. und 13. Jahrhundert die Kleidung sich eng an den Körper anlegte und seine Umrisse in großen Linien nach= zeichnete, tauchte der Wunsch nach einer Betonung der Leibesmitte auf. Der Einschnitt, den sie hervorbringen sollte, hatte die Gliederung der langen fließen= den Gewänder beider Geschlechter zu bewirken, dazu mußte er weit stärker sein als in der Wirklichkeit, und man griff daher dazu, eine Schnürvorrichtung am Hemd anzubringen. Aus dieser, die bald genug ein selbständiges Kleidungsstück wurde, entstand das Mieder, das von Männern und Frauen getragen wurde. Im Meister Rennaus wird der Jüngling erwähnt, der sich schnürt. Wolfram von Eschenbach beschreibt im Parzival die Jungfrau.

*Abb. 58. Vergrößerung des Kopfes*

Unbekanntes Damenportrait. Etwa 1830

*Ihr wißt, wie Ameisen pflegen*
*Um die Mitte schmal zu sein.*
*Noch schlanker war das Mägdelein.*

Diese Stilisierung der Form erreicht die Bekleidungskunst, indem sie dem Menschen körperliche Unbequemlichkeiten und Schmerzen auferlegt, ja oft genug unter Störung wichtiger körperlicher Funktionen. Daß der Mensch diese Folgen auf sich nimmt und erträgt, wäre nicht zu verstehen, wenn er durch seine Anpassung an sie nicht etwas eintauschte, das ihn dafür entschädigte, und das ist ein erhöhtes Persönlichkeitsgefühl. Hier berühren sich die ästhe= tischen und psychologischen Probleme, die mit der Kleidung zusammen= hängen, und rufen die Einsicht hervor, daß alle Fragen, die mit unserer Klei= dung in Verbindung stehen, zu den wichtigsten des Lebens überhaupt ge= hören. Dadurch, daß der Mensch sich bekleidet und alle Bestandteile seiner Kleidung der Außenwelt entlehnt, setzt er sich zu Mit= und Umwelt in ein neues Verhältnis und bringt in sich selbst wie in anderen Gefühle und Stim= mungen hervor, die unter dem Einflusse ebendieser Kleidung erzeugt werden. Ein ganzer Komplex von Gefühlen geht aus ihr hervor und wirkt auf sie zu= rück, verbindet uns mit anderen oder trennt uns von ihnen. Wie weit das führt, hat Rumpff in seinem geistreichen Buch über die Tracht gezeigt, in dem es ihm mühelos gelang, Makrokosmos und Mikrokosmos unter den Be= griff Tracht zu subsummieren und vom Automobil bis zum Monokel alles auf Nutz, Putz, Schutz, Trutz zu reimen. Wir wollen nicht so weit gehen, aber auch wenn wir uns nur an die nächsten Kleidungsstücke halten, die unseren Körper bedecken, werden wir uns überzeugen, daß unser Seelenleben in der Tat unauflöslich mit ihnen verknüpft ist, ja nicht nur das, man darf mit Recht sagen, von der Kleidung abhängt. Die alltäglichste Erscheinung lehrt uns, von welchem Einfluß das Gefühl ist, unvorteilhaft oder falsch angezogen zu sein. Eine Dame, die zufällig farbig und dekolletiert in einer Gesellschaft er= schiene, in der die anderen Damen in schwarzen hohen Kleidern anwesend sind, ein Herr, der nicht Frack oder Smoking anhätte, wie alle übrigen, würde doch wohl den ganzen Abend hindurch ein peinliches Gefühl nicht überwinden können, und sie würden alle ihre Seelenstärke nötig haben, um sich über die unangenehme Lage hinwegzusetzen. Das ist nur ein Beispiel und ein sehr naheliegendes dazu, aber es beweist, welche Macht unsere Kleidung über

9

uns ausübt und wieweit wir durch sie mit anderen zusammenhängen. So
wie unsere Kleidung sich allmählich ausgebildet hat und sich aus ihr feste
Sitten und Gewohnheiten entwickelten, ist sie ein Symbol dafür, daß der
moderne Kulturmensch immer noch vom Instinkt des Wilden und seinem
Kollektivbewußtsein geleitet wird. Man spricht viel von Individualismus und
dem Recht auf Individualität, unsere Kleidung und die Art, wie und wann
wir sie anlegen, beweist deutlich, wie gering der Platz ist, den die moderne
Gesellschaft ihnen einräumt. „Wie bei den Wilden, so spielt auch in der Gegen=
wart die gleiche Kleidung oder doch gleiche Abzeichen eine wichtige Rolle",
sagt P. Beck in seinem Buch über die Nachahmung. „Die gleiche Kleidung
ist nach meiner Beobachtung das stärkste Bindemittel, das den Menschen
an den Menschen knüpft." Erst die Nachahmung ruft das Gefühl der Ge=
meinschaft hervor, wofür die Uniform das beredteste Beispiel ist. Jeder, der
gedient hat, weiß, welche Bedeutung der gleiche Rock, die gleichen Abzei=
chen, die gleiche Nummer auf der Achselklappe haben, welche Stimmungen
sie in dem, der sie trägt oder getragen hat, auszulösen imstande sind. Das=
selbe läßt sich von den Bändern farbentragender Verbindungen behaupten.
Ohne ein solches kann ein Gefühl der Zusammengehörigkeit gar nicht er=
wachen. Würde die Schwesterntracht so viel nachgeahmt werden, wenn die=
jenige, die sie geschmackloserweise als Kindermädchen z. B. nachbildet,
nicht dadurch einen Teil der Sympathie, die man der Tracht entgegenbringt,
unrechtmäßigerweise auf sich lenken wollte? So ist die Gleichheit der Klei=
dung für die Naturvölker ein Zeichen ihrer Stammesangehörigkeit. Wer
sich von ihr lossagt, zerreißt die Bande, die ihn mit den Angehörigen ver=
binden. Dasselbe gilt von den Volkstrachten der Kulturvölker. Wer die
Tracht der Heimat gegen die allgemeine städtische vertauscht, sagt sich von
dem geistigen Nährboden los, der ihn speiste. Darum haben auch völkische
Verbindungen immer angestrebt, die Volkstrachten zu erhalten, um in ihnen
etwas von dem ursprünglichen Geist und Wesen des Volkes zu bewahren.
Daß aus solchen Bestrebungen, wie die Dinge nun einmal heutzutage liegen,
meist ein recht wenig sympathisches Theater wird, ist eine Sache für sich.
Die Bedeutung einer gemeinsamen Tracht für eine gemeinsame Sache darf
nicht unterschätzt werden. Zu den Mitteln, mit denen der tschechische

*Abb. 59. Vergrößerung des Kopfes*
Kriehuber. Die Tragödin Sophie Schröder. 1828

*Abb. 60. Vergrößerung des Kopfes, Verbreiterung der Schultern*

Grevedon. Die Schauspielerin Noblet. Etwa 1832

Nationalitätenrummel gefördert werden sollte, gehörte außer der Erfin=
dung einer tschechischen Nationalliteratur des frühen Mittelalters, man ent=
sinne sich der famosen Königinhofer Handschrift, auch die einer tschechischen
Nationaltracht. Seit 1859 haben die Drahtzieher dieser Bewegung die an=
geblich tschechische Czamara als Volkstracht proklamiert und zu verbreiten
gesucht.

Mit der gleichen Stärke wirkt unsere Kleidung auch auf uns selbst zurück.
Sie wird zu einem Teil des Leibes und dadurch auch der Seele. Das ist schon
oft gesagt worden, auch von Selenka, am frühesten und am hübschesten aber
doch von Lotze im Mikrokosmos. Er spricht davon, daß bei der Benutzung
eines Werkzeuges nicht nur die Hand die Berührung fühlt, sondern gleich=
sam die Seele in dasselbe mit unmittelbarer Empfindung überströmt, z. B.
bei dem Stab des Blinden, der Sonde des Arztes, dem Pinsel des Malers.
Dann kommt er auf die hohe Kopfbedeckung der Männer, den Zylinder,
zu sprechen und sagt: „Es entsteht die freundliche Täuschung, als reichten
wir selbst unser eigenes Leben und unsere Kraft bis in jene Spitze hinauf,
und bei jedem Schritt, der diese erschüttert, bei jedem Windhauch, der sie
in Bewegung setzt, scheint für unser Gefühl ganz deutlich da oben ein Teil
unseres Wesens feierlich hin und her zu schwanken. Man fühlt sich daher
offenbar ganz anders in einem zylindrischen Hut, der diese Emotionen be=
günstigt, als in einer Mütze, deren Zipfel nur sehr unvollkommen dieselben
Dienste leisten würde. Und ganz begreiflich wird uns die schon früh und
auf niedrigen Kulturstufen auftretende, auf höheren vervollkommnete Nei=
gung, durch hohe und steile Helme, durch Bärenmützen, durch turmartige
Frisuren nicht bloß die Fürchterlichkeit und Ehrwürdigkeit der Figur für
den Anblick anderer zu steigern, sondern, was mehr ist, auch das Gemüt des
Trägers selbst mit dem Gefühle einer majestätisch nach oben verlängerten
Existenz zu kräftigen." Der berühmte Philosoph fährt dann fort: „Die zweite
Form jener Gefühle verdanken wir allem hängenden und flatternden
Schmuck, der unsere Körperoberfläche durch eine reizende Abwechslung
von Drehungen nach verschiedenen Richtungen erregt und uns veranlaßt,
uns selbst als in den peripherischen Bahnen der freischwingenden Enden
gegenwärtig zu fühlen. Wenn die Kinder sich einen Schwanz anheften, so

9*

wollen sie nicht nur, daß andere ihn sehen, sondern indem seine Spitze über die Erde schleift, fühlen sie seine Berührung mit dem Boden. Wenn er frei beim Laufe in der Luft schwebt, fühlen sie, je länger er ist, um so deutlicher diese Schwingungen bis in sein letztes Ende hinein. So haben sie ziemlich denselben Genuß einer nach dieser Seite hin beweglich verlängerten Exi= stenz, als wäre dies neue Organ ihnen wirklich angewachsen." Im Hinblick auf diese Anteilnahme unserer Kleidung an den Gefühlen unserer Seele, eine Anteilnahme, deren man sich gar nicht immer bewußt zu werden braucht, um trotzdem in ihrem Banne zu stehen, hat man wohl sagen dürfen, daß für die Frau ihr Kleid zum Erlebnis wird. Das Weib unterliegt dem Gefühl an und für sich stärker als der Mann, und da auch ihre Erscheinung von der Kleidung und ihrem Wechsel abhängiger ist als beim Mann, so hängt sie viel inniger mit ihr zusammen. Für sie wird die Kleidung wirklich zu einer künstlichen Haut, durch die sie die Sensibilität ihres Nervenapparates steigert und verfeinert. Sie empfängt durch dieselbe Eindrücke, die durch das gröbere Nervengeflecht des Mannes gar nicht erst in das Bewußtsein gelangen. Das Weib besitzt in seiner Kleidung eine Sprache, die in ihrer Mannigfaltigkeit vor der Lautsprache nicht nur die Stärke der Ausdrucksfähigkeit voraus hat, sondern ihr auch in den feineren Modulationen überlegen ist. Wort, Laut, Ton wirken geradezu; im Wechselspiel von Andeuten und Verhüllen, von Zeigen und Verstecken, das sie in der Kleidung üben kann, meistert die Frau einen Dialekt, der eine Geheimsprache ihres Geschlechtes ist und viel= leicht darum so reizend klingt, weil ihn der Mann immer nur halb versteht.

Im Urzustand einer frühen oder einer zurückgebliebenen Kultur wirbt der Mann um das Weib. Sie hat weder nötig, sich zu schmücken noch reizvoll zu sein. Sie kann warten. In den unnatürlichen Zuständen, wie sie fortge= schrittene Kulturen hervorbringen, muß sie warten, also beginnt sie sich zu schmücken, um reizend und begehrenswert gefunden zu werden. In der Kul= turwelt wirbt das Weib um den Mann, und da sie das nicht offen und rück= sichtslos tun darf, hat sie die Aufgabe zum großen Teil auf ihre Kleidung übertragen und überläßt es dieser, Hoffnungen zu erwecken und Versprechen zu geben, die auszudrücken die Sprache zu plump wäre. Das ganze weite Gebiet der Koketterie kann nur durch die Kleidung bestehen, und das weib=

*Abb. 61. Der Reifrock im 19. Jahrhundert*
Aus Le Bon Ton. Paris, April 1859

liche Geschlecht, würde es heute plötzlich derselben beraubt, wäre um den besten Teil seiner seelischen Ausdrucksmittel ärmer. Die Frau hat ein Recht, ihre Kleidung hochzuschätzen. Sie ist ohne dieselbe nicht ganz Weib. Das scheint sie auch selbst und besonders stark in der Zeit empfunden zu haben, als die mykenische Kultur auf Kreta blühte. Vielleicht weil die Bekleidungs= kunst damals noch jung war und die Frau sich auf die kleiderlose Zeit als die der Geschlechtssklaverei noch besann. Wenn man an Gnadenaltären und Wallfahrtsorten jetzt wohl die Abbilder wächserner Gliedmaßen als Opfer= gaben dankbarer Frommer erblickt, so fand man dagegen im Heiligtum der Schlangengöttin in Knossos Votivnachbildungen weiblicher Kleidungsstücke aus glasierter Fayence. Das ist ein Vorkommnis, für das es kein zweites Bei= spiel gibt, hier aber nur als Beweis dafür angenommen werden muß, wie innig die Opfernden den Zusammenhang zwischen sich und ihren Kleidern empfanden. Wenn das Weib diese Künste hauptsächlich mit Rücksicht auf das andere Geschlecht übt, so hat der Mann es nicht mehr nötig, durch seine Kleidung zu reizen oder etwas anderes vorstellen zu wollen, als er ist. Soweit er aber überhaupt noch Wert auf seinen Anzug legt, wird man mit Taine sagen dürfen: Ein Mann kleidet sich um so besser, je mehr er an Frauen denkt. Das Urmotiv der Kleidung, das des Schmückens für andere, ist eben bei beiden Geschlechtern auch im Zustand fortgeschrittenster Kultur noch nicht ganz ausgeschaltet. Die Kleidung gehört zu den Faktoren, durch die wir noch eng mit dem Anfang der Menschheit verknüpft sind. Andere Be= ziehungen haben wir abgestreift.

Man hat in alten Zeiten, und wohl bei allen Völkern, versucht, die Unter= schiede des Standes in der Kleidung auszudrücken. Selbst die Bemalung und Tätowierung der Wilden kennt für den Häuptling auszeichnende Merkmale der Dessins. Griechen und Römer beobachteten darin ein strenges Herkommen, das mit den Jahren so gut wie Gesetzeskraft erhielt. Das hat nicht hindern können, daß diese Unterschiede sich ganz von selbst verwischten und Appian schon in der Mitte des 1. Jahrhunderts vor Christi Geburt Kla= ge darüber führt, daß der Sklave sich jetzt kleide wie der Herr. Das ganze Mittelalter ist erfüllt von dem Kampf um das gleiche Kleid. Die zahllosen Kleiderordnungen, Verordnungen und Verbote, man läßt sie 1294 in Frank=

reich beginnen, verfolgen eigentlich keinen anderen Zweck, als zu verhindern, daß Bauer und Bürger sich kleiden wie der Edelmann. Als die reichen Bür= ger der Städte das aber einmal durchgesetzt hatten, versuchten sie sofort die Schranken, die sie eben nach oben niedergerissen hatten, nach unten wieder aufzurichten. Die Reichsstädte Deutschlands haben Verordnungen erlassen, die eine ganze Bibliothek füllen würden, um jedem ihrer Bürger, vor allem jeder Bürgerin genau vorzuschreiben, was und wieviel sie an Stoffen, Verzierungen, Pelzwerk usw. tragen dürften. Die Wiederholung Jahr für Jahr spricht schon dafür, daß alle diese Gebote nichts genützt haben. Man hat es doch immer wieder versucht, und erst das 19. Jahrhundert hat damit aufgehört. Ja, dies demokratische Zeitalter hat lange vor der Ein= führung des allgemeinen gleichen und geheimen Wahlrechts die allgemeine gleiche Kleidung durchgesetzt. Die Standesunterschiede im Anzug sind bei beiden Geschlechtern ganz von selbst hinweggefallen. Bei der weiblichen Kleidung sind sie unrettbar dahin, bei der männlichen haben sie sich in die Uniformen geflüchtet und führen in ihr ein üppiges Dasein. Da sind im Unterschied von Farben, Stoffen und Besatz noch alle Vorurteile des Mittel= alters lebendig. Galons und Tressen, Knöpfe und Stickereien, Litzen und Bänder, Schnüre und Quasten messen Ansehen und Bedeutung nach Zenti= metern zu. Sie sind zu Symbolen dessen geworden, was sie einst vorstellten. Sie versuchen aus den Fluten der Gleichmacherei, die höher und höher stei= gen, wenigstens die Attribute derer zu retten, die einst die Macht besaßen. In ihnen lebt auch in der Gegenwart noch sichtbar ein Stück der Vergangen= heit weiter. Wir haben in unserer Kleidung selbst die Unterschiede des Be= rufes so gut wie ganz abgelegt, und wenn wir auch noch die Arbeits= und die Festkleidung unterscheiden, so ist auch in ihr zwischen den verschiedenen Berufen nichts mehr vorhanden, was eine besondere Charakteristik darböte. Frack und Zylinder sind beim Manne aller Stände zu Symbolen geworden, welche eine über das Alltägliche hinausgehende Stimmung ausdrücken, unerläßlich, wo in Trauer oder Freude ungewöhnliche Erlebnisse angedeutet werden sollen. Im allgemeinen hat auch da die neue Zeit nivellierend gewirkt. Einstmals legte man wirklich Trauerkleider an, verhüllte sich in riesige schwarze Mäntel, um nur ja seinen Schmerz sichtbar an den Tag zu legen,

*Abb. 62. Der Reifrock der zweiten Hälfte des 16. Jahrh.*

Coëllo. Bildnis der Infantin Isabella Clara Eugenia

*Abb. 64. Verbreiterung des Oberkörpers*

von Dyck. Bildnis einer Unbekannten

*Abb. 63. Der Reifrock*

der zweiten Hälfte des 16. Jahrh.

Nach dem Bildnis einer Unbekannten von Cuëllo

*heute genügt es, wenn der Mann einen schmalen Streifen Krepp am linken Arm trägt, als eine bloße Andeutung dessen, was früher gefordert wurde. Dieses abgekürzte Verfahren entspricht durchaus einem Zeitalter, das im Telegrammstil denkt und sich kaum Zeit läßt, Namen oder Bezeichnungen voll auszusprechen. Es begnügt sich wie der Trauerflor am Arm mit der Ab= kürzung K. D. W. ; Hapag ; Bedag; Z. E. G; A. E. G. usw. Übrigens greift dieser Gebrauch ja mehr und mehr auch auf die Tracht des weiblichen Ge= schlechtes über, und wenn die Frau nicht im Festhalten an der Tradition so überaus zäh wäre, würden wir vielleicht erleben, daß auch sie zu einer be= deutenden Vereinfachung in der Symbolsprache der Kleidung schritte.*

*In dem Wert, welchen sie auf die Kleidung legt und in der Bedeutung, die sie ihr beilegt, ist die Geistlichkeit dem weiblichen Geschlecht nahe verwandt. Die Priester aller Kulte haben es von jeher verstanden, sich durch Kleidung und Schmuck ein höheres Ansehen zu geben, um auf die Laien zu wirken. Der Ornat heidnischer Riten arbeitet mit denselben Mitteln weiter, feierlicher Kleider und mystischer Zierarten wie der der christlichen. Selbst bei den unbekleideten Wilden erfreut sich der Priester oder Medizin= mann auszeichnenden Beiwerks. Sie haben die psychologischen Werte, die der Kleidung innewohnen, immer zu würdigen gewußt. Am weitesten geht hierin vielleicht der Buddhismus des alten Indiens. Die Handbücher über Zauberei, die Sadhanamala, schreiben dem Beschwörer vor, welche Kleidung und welche Attribute er anlegen muß, um den Bodhisatva zu gewinnen. Von ihnen, ihrer richtigen Form und Farbe hängt der Erfolg des Unter= nehmens ab. Sie zwingen den Geist, dem Menschen zu gehorchen. Von den gleichen mystischen Vorstellungen gehen die Wilden aus, die sich für ihre Maskentänze ganz phantastischer Kleidungen bedienen. Für diese Tänze, die man ebensogut als eine Art Gottesdienst betrachten kann, wie Versuche zu Beschwörungen böser Geister, legen die Tänzer Trachten an, die von den gewöhnlichen ganz verschieden sind und soweit sie sich nach Abbildungen beurteilen lassen, von einer außerordentlichen Phantasie zeugen. Sie sollen den Träger für die Menschen unkenntlich machen und vor der Gottheit verbergen; sie kleiden ihn, um ihn zu verkleiden, denn im Leben des All= tags ist er meist unbekleidet. Diese Beobachtungen eröffnen weitere unge=*

ahnte *Perspektiven und berühren damit ein Grenzgebiet, das von der Psychologie mit demselben Recht in Anspruch genommen werden kann wie von der Psychiatrie.* Wer sich verkleidet, will sich verstecken, seinen Körper, seinen Charakter, seine Seele. Er will etwas anderes erscheinen, als er in Wirklichkeit ist und sich auf kürzere oder längere Zeit den Wunsch gestatten, ein Ideal auszuleben.

Ein Hauptmoment der Verkleidung wird immer die Annahme der Kleider des anderen Geschlechtes sein. Ein Spiel, das der vielleicht unbewußten Absicht entspringen mag, einmal der Sensationen teilhaftig zu werden, die dem anderen durch seine Kleidung vermittelt werden. Der Trieb ist elementar, er scheint so alt, wie die Kleidung selbst es ist. Man möchte schon darum annehmen, daß die rein anatomische Trennung der Menschheit in eine männliche und eine weibliche Hälfte, die zum Lehr= und Leitsatz all unserer Erfahrung geworden ist, vor der Psychologie zu Unrecht besteht. Wenn die dichterische Hypothese Wilbrandts, der vom männlichsten Mann an einem Ende zum weiblichsten Weib am anderen Ende der Menschheits= kette nur Zwischenstufen seelischer Mischlinge zählt, nach den Beobachtungen moderner Seelenforscher richtig zu sein scheint, so wäre die nach Geschlechtern unterschiedene Kleidung ein Irrtum der Kultur. Es ist schon früher darauf hingewiesen worden, daß diese Trennung in der Tat durchaus nicht immer und nicht bei allen Völkern bestand, ja, daß selbst heute, wo Sitte und Ge= setz sie der Welt aufgezwungen haben, immer wieder Versuche bemerkt werden, ihr auszuweichen. Der männliche Schnitt so vieler weiblicher Klei= dungsstücke sucht die Geschlechtsunterschiede ebenso unkenntlich zu machen, wie der absonderliche Zuschnitt so mancher männlichen es unter= nimmt, ihren Trägern Formen anzudichten, die ihr Geschlecht nicht kennt. Dazu gehört z. B. der ästhetisch unschöne und praktisch unbequeme Schnitt der modernen Reithose, die den Trägern geradezu absurde Formen von Schenkeln und Hüften gibt. Wenn die Bekleidungskunst es in dieser Weise immer wieder unternimmt, eine Vorstellung zu korrigieren, die sich in den Köpfen von einem rein männlichen und von einem rein weiblichen Teil der Menschheit eingenistet hat, so hat sie natürlich im Wechsel der Kleidung der beiden ein Mittel an der Hand, das weit schneller und durchgreifender

*Abb. 65. Verbreiterung des Oberkörpers*
Rubens. Helene Fourment

*Abb. 66. Der Reifrock des 18. Jahrh.*

Natoire. Die Dauphine Maria Josepha geb. Kurprinzessin von Sachsen

wirkt. Man kann denn auch den Trieb zur Verkleidung bis in die Anfänge
schriftlicher Überlieferung hinein verfolgen. Im Buche Deuteronomium
gebietet Moses den Israeliten: ein Weib soll nicht Manneskleider tragen,
und ein Mann soll nicht das Gewand eines Weibes anziehen. In der gesamten
Kultur der alten Welt hat dieser Trieb seine Spuren hinterlassen, zumal in
der der Griechen, die männlicher war als irgendeine andere. Die Griechen
verschlossen der Frau das Theater und damit die Bühne, so mußten Männer
die Frauenrollen in Frauenkleidung darstellen. Ebenso in Rom, wo die Frau
erst spät und nur im untergeordneten Genre die Bühne betrat. Die Umbil=
dung der beiden Geschlechter in eines ist eine beliebte Vorstellung griechischer
Denker, im Hermaphroditen kennt die römische Kunst der Spätzeit ein
Seitenstück. Wenn dieser nackt ist, so hat die römische Kunst doch auch den
in weibliche Kleider gehüllten Mann gern dargestellt. Apollo Kitharödos
wird oft genug für eine Muse gehalten, und über die berühmte Statue des
sogenannten Mädchens von Antium ist der Streit noch im Gange. Diese
Figur, die zu den bedeutendsten antiken Funden der neuesten Zeit gehört und
in das 3. Jahrhundert v. Chr. Geburt gesetzt wird, stellt in ihrer Kleidung
wohl ein weibliches Wesen dar. Die unweiblichen Formen der Brust, die
knabenhafte Haltung, der männliche Ausdruck der Züge lassen aber die
Deutung auf einen nur verkleideten Knaben recht wohl zu.

Diese Lust an der scheinbaren Geschlechtsvertauschung hat das christ=
liche Mittelalter wie eine Erbschaft überkommen. Die Verbote gegen das Ver=
kleiden wollen gar nicht aufhören, Beweise also, wie lebhaft es im Schwange
war. Im Orient nicht minder wie im Abendland. Bischof Severian von Ga=
bala in Syrien († 400) verdammt diejenigen Männer, welche sich an Festen
in Weiberkleider vermummen und verbietet auch den Frauen, Männerkleider
anzulegen. Ganz ebenso geht der Bischof Cäsarius von Arles († 542) vor.
Das Concilium Trullanum vom Jahre 692 erneuert die Einzelverbote und
dehnt sie auf die ganze Christenheit aus, Abt Priminius, ein deutscher Zeit=
genosse des heiligen Bonifaz († 750) muß aber schon wenige Jahre darauf
das Gebot der Kirche erneut in Erinnerung bringen. Auch das Mittelalter
ließ auf seiner Bühne keine Frauen zu, gab also immer wieder Anlaß dazu,
daß Männer Frauenkleider tragen mußten. Das erstemal, daß ein weib=

10

*liches Wesen eine große Rolle erhielt, ereignete sich 1468 in Metz, wo ein junges Mädchen in einem Mysterium die heilige Katharina spielte. Das blieb aber eine vereinzelte Ausnahme, denn selbst in Bozen, wo 1514 die Frauen= rollen wirklich mit Frauen besetzt waren, blieb die heilige Jungfrau einem jungen Mann vorbehalten. Das erinnert lebhaft daran, daß Guido Reni für seine schmachtenden heiligen Frauen am liebsten männliche Modelle wählte. Der Mime Vitalis, ein fahrender Sänger des frühen Mittelalters, rühmt sich des Beifalls, den er in Frauenkleidung fand und reicht damit über Jahrhun= derte hinweg den Damenkomikern unserer Tingeltangels die Hand. Noch in Molières Komödien wurden die wichtigsten Frauenrollen von Männern kreiert. Der Gebrauch wurde auf Provinzbühnen immer wieder geübt, so ließ z. B. die Direktion Hüray in Danzig im Fasching 1816 die „Schwestern von Prag" mit verkehrter Besetzung spielen. Alle Herrenrollen wurden von Da= men, alle Frauenrollen von Herren gespielt. An die große Beliebtheit der Hosenrollen, die eher zu= als abgenommen hat, braucht man ja kaum zu er= innern. Die Verkleidung findet sich auch in der Neuen Welt. Clavigero be= richtet, daß diejenigen, die sich in Mexiko in der Kleidung des anderen Ge= schlechts betreffen ließen, gehängt wurden. Wie beliebt bis in unsere Tage hinein dieser Kleidertausch geblieben ist, zeigt ein Blick in das Faschingstreiben unserer großen im Westen oder Süden Deutschlands gelegenen Städte. Vor dem Kriege stellten die falschen Herren und Damen einen hohen Prozent= satz aller Maskierten überhaupt. In diesen Fällen handelt es sich wohl nur um einen gewissen Nervenkitzel. Man darf die Wahl der Kleidung des anderen Geschlechts nur als die Ausdrucksform vorübergehender seelischer Zustände betrachten, von Zuständen, die Faschingslust und Alkohol von den Hem= mungen befreien, die sie sonst im Zaum halten. Fühlen sich dagegen Indivi= duen nur in der Kleidung des anderen Geschlechts wohl, so erscheint in ihnen das bisexuelle Moment in krankhafter Weise betont. Der Chevalier de la Poix de Fréminville, ein Korvettenkapitän, der in Brest lebte, schrieb 1831 ein Büchlein über den physischen und moralischen Einfluß der weiblichen Klei= dung, die er hoch über die männliche stellte. Er selbst trug immer Frauen= kleider, die er sich stets nach der neuesten Mode aus Paris kommen ließ. Der französische Maler Bouquet, der in noch jugendlichem Alter 1846 in*

*Abb. 67. Der Reifrock des 18. Jahrh.*

van Loo. Die Königin Maria Lesczynska

den Bädern von Lucca starb, porträtierte sich selbst als Dame. Die berühmte Malerin Rosa Bonheur trug am liebsten Männerkleider. Daß schreibende Frauen sich männliche Pseudonyme wählen, ist eine so bekannte und allge= mein übliche Tatsache, daß sie kaum in Erinnerung gebracht zu werden braucht. Sehr viel seltener sind aber die Beispiele des Gegenteils. Die oft zi= tierten Memoiren der Marquise von Créquy, die Unvorsichtige noch wohl gelegentlich als Geschichtsquelle für die Zeit Ludwigs XVI. ansehen, sind die freie Erfindung eines Herrn von Courchanps, wie ja auch viele andere Memoirenwerke von Schauspielerinnen und Sängerinnen, denken wir z. B. nur an Rigolboche, Céleste Mogador, Caroline Bauer, nicht aus der Feder dieser Damen geflossen sind, sondern von ihren literarischen Ratgebern ver= faßt wurden. Hier liegen indessen nur Spekulationen auf den Büchermarkt vor, der Fall Sharp=Macleod liegt viel eigenartiger. In den letzten Jahren des vergangenen Jahrhunderts genoß die keltische Natursängerin Fiona Ma= cleod ein Ansehen, das weit über die Grenzen ihrer schottischen Heimat hinausgedrungen war. Wie erstaunt war daher die große Gemeinde der Dichterin, als sich beim Tode von William Sharp 1905 herausstellte, daß er es gewesen war, der sich mit seinen Dichtungen hinter einem weiblichen Pseud= onym versteckt hatte. Damit haben wir schon die Grenzen eines Zwischen= reiches betreten, in das tiefe Schatten von der Nachtseite der Natur fallen. Wir gehen nicht weiter, sondern verweisen den Leser auf das Buch von Dr. Magnus Hirschfeld über die Transvestiten.

## VIERTES KAPITEL

# DIE MODE

*In den vorangegangenen Kapiteln haben wir die Bekleidungskunst bis zu ihren ersten Anfängen begleitet, haben sie dann bis zu dem Punkte der Entwicklung verfolgt, in dem ihre Typen festgelegt waren und schließlich gesehen, daß sie mit ihren Werken, den Kleidern, Leben und Menschen viel tiefer beeinflußt, als der flüchtige Blick wohl ahnen mochte. Wir konn= ten feststellen, daß die Kleidung aus dem Schmuckbedürfnis entstand, in ihrem Fortschreiten aber mit vielen anderen Tendenzen zusammentraf, die sich als Streben nach Schutz und Scham geltend machten und den ursprüng= lichen Zweck ganz wesentlich komplizierten. Wenn wir, mit diesen Erfah= rungen ausgerüstet, die Reihe von Jahrhunderten überspringen, die uns von dem Zeitpunkt trennen, in dem die Bekleidungskunst bei Hemd, Hose und Rock angelangt war und uns der Kleidung der Gegenwart zuwenden, so werden wir a priori annehmen dürfen, daß die Bekleidungskunst dem Trieb der Menschheit nach Schönheit, Schutz und Scham in ihrer Kleidung ent= sprochen und Typen geschaffen haben wird, welche diese Ansprüche voll= kommen erfüllen. Wie sollte sie auch nicht, da ja doch die Erfahrung un= gezählter Generationen an diesem Werke mitarbeiten mußte! Wie überrascht müssen wir also sein, wenn wir gewahr werden, wenn selbst der Jüngste von uns gewahr werden muß, daß die Bekleidungskunst anscheinend noch immer im Dunkeln tappt, bald zu diesem, bald zu jenem greift, ja die Meinungen selbst darüber auseinandergehen, ob sie auch nur die elementarsten An= sprüche befriedigt. Kann man wirklich davon sprechen, daß sie uns ver= schönt? Ist der Schutz, den sie dem Körper gewährt, demselben nicht oft weit schädlicher, als wenn er ihn entbehren müßte? An die Frage, ob sie das Schamgefühl befriedigt, wollen wir schon gar nicht rühren. Indem wir*

**Abb. 68. Der Reifrock im 19. Jahrhundert**

Aus Le Bon Ton. Paris. August 1860

uns diese Fragen vorlegen und sie zu beantworten versuchen, werden wir
schon inne, daß bei allem, was die Bekleidungskunst anlangt, ein Faktor in
Rechnung zu stellen ist, den man als die unbekannte Größe *x* bezeichnen
darf. Auch die sicherste Berechnung schlägt fehl, wenn man ihn nicht be=
achtet, geht aber keineswegs richtig auf, nimmt man auf ihn Rücksicht.
Dieses mathematische *x* ist völlig irrational, spottet jeden Kalkuls und jeder
Überlegung, ist nicht zu bestimmen und nicht zu errechnen; es läßt uns im
Stich, wenn wir es zu halten glauben und ist da zu finden, wo man es nicht
erwartet. Mit einem Wort, es ist die Mode. Jeder weiß von ihr und doch
kennt sie niemand. Gering geschätzt, von der Wissenschaft übersehen, hat
sie sich damit begnügt, zu herrschen, ohne in ihrem Wesen erkannt zu sein.
Nun aber, wo auf einmal ein Wetteifer in Feststellungen entbrannt ist, da
entfaltet sie eine solche verwirrende Vielheit von Eigenschaften, daß die=
jenigen, die sie zu ergründen suchen, nicht so recht wissen, von welcher
Seite her das wohl am ehesten zu bewerkstelligen sein möchte. Wie das
Geflecht der Nerven den gesamten menschlichen Körper durchzieht und
in den feinsten Verästelungen noch allen seinen Funktionen Gesetze vor=
schreibt, so ist die Mode durch tausend Fäden mit dem ganzen sozialen Leben
auf das innigste verbunden. Kunst, Hygiene, Erotik, Volkswirtschaft, Indu=
strie hängen so gut mit ihr zusammen, wie Geschichte, Geselligkeit und Lebens=
art. Wie das Skalpell des Anatomen überall auf Nerven stößt, so begegnen
dem Blick des Forschers, der die moderne Kultur zu ergründen sucht, Aus=
läufer der Mode auch da noch, wo er sie am wenigsten vermutet. Seit zu=
fällige Umstände das Interesse für die Mode weckten, haben sich Philosophen,
Historiker, Volkswirte, Ästheten, Künstler bemüht, ihr das Rätsel ihrer
Existenz zu entreißen. Keinem ist es so recht gelungen. War die Frage=
stellung schuld? Oder lag es an der vorgefaßten Meinung, mit der ein jeder
ihr gegenübertrat? Ganz hat niemand den Schleier gelüftet. Er ist sozusagen
an einigen Stellen etwas dünner geworden und erlaubt das merkwürdige
Wesen wenigstens in seinen Umrissen besser zu unterscheiden. Von einer Er=
kenntnis sind wir noch weit entfernt. Wir kennen wohl einzelne Triebfedern,
von denen sie Anstöße empfängt, einzelne Tendenzen, die sie bestimmen,
einige Richtungen, nach denen hin sie sich bewegt, im ganzen wird man

sagen müssen, ist der Name Mode ein Wort für einen Begriff, den hundert
Namen nicht nennen würden. Das Beste und Feinste, was über die Mode
an sich gesagt worden ist, rührt wohl von Georg Simmel her, dessen Philo=
sophie der Mode, Berlin 1905, den Umkreis ihres Wesens geistreich zu
begrenzen weiß. Wie das Problem hier durchgedacht und von allen Seiten
beleuchtet ist, das ist fesselnd und unterhaltend zu gleicher Zeit. Bedürfte
ein Buch dieses Verfassers überhaupt der Empfehlung, so müßte man es
allen denen dringend zu lesen raten, die das Thema Mode metaphysisch zu
begreifen wünschen und könnte es um so mehr empfehlen, als es aus einer
Zeit herrührt, in welcher der berühmte Rembrandt=Philosoph noch der
deutschen Sprache mächtig war.

Es gibt Moden auf allen Gebieten, auf denen des Geistes wie denen der
Kunst. Auf keinem anderen tritt sie indessen so augenfällig zutage, wie auf
dem der Bekleidungskunst. Diese wird durch das Eingreifen der Mode so
wesentlich bestimmt, daß wir uns heute gar nicht recht vorzustellen vermögen,
daß es eine Kleidung geben könne, die von der Mode unabhängig wäre. Ist
sie in Wissenschaft und Kunst, im Denken und Fühlen nur eine rein zu=
fällige Erscheinung, so ist die Mode in der Bekleidungskunst ein Faktor von
ausschlaggebender Bedeutung. Sie hat die Absichten der Bekleidungskunst
geradezu auf den Kopf gestellt, durch sie ist das Kleid Selbstzweck gewor=
den und von jeder Rücksichtnahme auf Hygiene und Ästhetik frei. Wäre
sie es nicht, die dauernd in alle Fragen, welche die Kleidung betreffen, ein=
griffe, so wäre die Bekleidungskunst wahrscheinlich längst zu Ruhe und
Stetigkeit gekommen. Die Mode hindert und fördert zu gleicher Zeit, so,
als mache sie stets zwei Schritte vorwärts und einen zurück. Aber auf einem
Wege, der nicht geradeaus führt, sondern im Zickzack. Sie spottet der Ein=
sicht und der Überlegung. Simmel nennt sie das Kind, das der Gedanke mit
der Gedankenlosigkeit zeugte. Die Mode treibt ein willkürliches Spiel, weil
die Vernunft sich ihr gegenüber jeden Rechts der Einsprache begibt und
nicht nur das allein, die Vernunft unterwirft sich blind den Vorschriften,
welche die Mode erläßt und die doch auf nichts anderes, als Launen von
unberechenbarer Herkunft zurückzuführen sind. Sie übt eine Macht, der sich
jeder unterwirft und von der doch niemand weiß, woher sie stammt und was

**Abb. 69. Die schlanke Mode vor 100 Jahren**

Gérard. Die Kaiserin Marie Louise und der König von Rom

*sie will. Die Einsicht von der Zwecklosigkeit der Mode, ihrer Schädlichkeit, ihren üblen Folgen hat nicht verhindert, daß sie nach wie vor Gesetze gibt und Urteile fällt, gegen die es keinen Appell gibt. Die Mode war der Apfel, zu dessen Genuß Eva durch die Schlange versucht wurde, die Frucht, die so verführerisch erschien und doch das Übel in die Welt brachte. Wie einen Ersatz für die verlorene Ruhe und Glückseligkeit haben sie die ersten Men= schen aus dem Paradiese mitgenommen, vielleicht hat sie sich sogar schon im Garten Eden geltend gemacht. Man kann sie immer beginnen lassen, sagt Norbert Stern mit Recht, sie hat weder Anfang noch Ende. Zweifellos ist sie so alt wie die Menschheit selbst. Sie war in dem Augenblick da, in dem die Verzierung des Körpers begann, sie war da, als der erste Mensch eine Veränderung von Putz und Kleidung vornahm, die seine Laune diktierte, nicht die Notwendigkeit. Die Menschen müßten nicht immer Menschen ge= wesen sein, wenn dieses Beispiel nicht Nachahmung gefunden haben sollte. Vielleicht war der Urahn der Mode ein Wilder, der es hübscher fand, zwei Reihen Muscheln um den Hals zu tragen, als eine. Vielleicht ein Jäger, dem ein Gehänge von Bärenzähnen mehr zusagte, als ein solches von Hirsch= granteln. Sei das wie es wolle, als Nachbarn und Freunde ihm nachahmten, setzten sie die Mode auf den unsichtbaren Thron, von dem aus sie die Men= schen beherrschen wird, solange die Erde sich um ihre Achse dreht. Eitel= keit und Nachahmungssucht heißen ihre Eltern, an ihrer Wiege standen Hochmut und Erotik als Paten.*

*Man hat oft und mit Nachdruck der Mode vorgeworfen, daß sie völlig sinnlos sei, in ihrem Walten keine Logik zu erkennen wäre und dieses als den schwersten Tadel betrachtet, den man ihr machen könne, denn immer sucht der Mensch nach Zweckvorstellungen, die sein Tun und Lassen be= gründen und rechtfertigen sollen. Geht man aber der Mode einmal genau nach und untersucht die Art des Einflusses, den sie in der Bekleidungskunst ausübt, so wird man doch gewahr werden, daß sich hinter ihrem anscheinen= den Spiel ein tiefer Sinn birgt. Wir haben oben gesagt, die Mode hindert und fördert die Bekleidungskunst. Das sind schon zwei Elemente, die in ihre Tätigkeit Vernunft bringen. Sie hindert, indem sie die Bekleidungskunst zur Sparsamkeit veranlaßt. Es war schon davon die Rede, daß der Mensch sich*

zum Zwecke seiner Kleidung das ganze Reich des Erschaffenen dienstbar
machte und es in Pflanzen=, Tier= und Mineralreich nichts gibt, was er nicht
zu seinem Putz verwendet. Man würde nun glauben müssen, daß ein solcher
Reichtum die Bekleidungskunst zur Verschwenderin machen müsse und sie
veranlassen werde, ihre Schätze mit vollen Händen zu vergeuden. Weit ge=
fehlt. Das Gegenteil ist der Fall. Sie geht sogar so sparsam mit ihrem Mate=
rial um, daß sie sich in der Benutzung desselben die engsten Grenzen steckt.
Die Mode wirkt da wie ein Hemmschuh, sie hält zurück und macht aus der
Bekleidungskunst, die eine Verschwenderin sein könnte, eine Geizige. Un=
ermeßlich ist der Reichtum an Stoffen und Farben, der zur Verfügung steht.
Die Mode aber gestattet nur eine sehr bescheidene Auswahl und wendet ihre
Vorliebe gewöhnlich einem Stoff oder einer Farbe mit Ausschließlichkeit
zu. Ein kurzer Rückblick wird uns davon überzeugen, zugleich auch von der
merkwürdigen Periodizität, die sich in dieser Erscheinung unschwer fest=
stellen läßt. Das Rokoko mit seinen weiten Reifröcken wurde von der Seide
beherrscht und begleitet von einem Ausputz, dessen Mannigfaltigkeit in Zeich=
nung und Material außerordentlich groß war. Etwa in der Mitte der 80er
Jahre des 18. Jahrhunderts vollzog die Mode eine Schwenkung, indem sie
sich den leichten Stoffen zuwandte und in der gleichen Zeit von der größten
Buntheit zur Farblosigkeit, ja zum reinen Weiß bekehrte. Man darf dabei
nicht außer acht lassen, daß sie das tat, trotzdem sie den leichten Stoff zu
Zwecken verwandte, die mit seinem Charakter eigentlich in stärkstem Wider=
spruch standen. Die Mode schuf nämlich Schleppkleider von 8—10—12 El=
len Länge aus Musselin, legte dem Stoff also Pflichten auf, die er nicht er=
füllen konnte und sah von dem Material ab, das sich dazu viel besser geeignet
hätte wie die Seide. Ungefähr 30 Jahre hielt sie am leichten und einfarbigen
Stoff fest, worauf etwa im dritten Jahrzehnt des 19. Jahrhunderts die Seide
wieder zu Ehren kam, zugleich mit der neubeginnenden Herrschaft des Reif=
rocks. Das dauerte etwa drei Jahrzehnte, da ist die Mode der Seide abermals
überdrüssig und setzt sie zurück. Trotzdem die weiten und langen Roben
der 60er Jahre gerade für die Seide wie geschaffen erscheinen, weicht sie
Tuchen, Woll= und Halbwollstoffen und macht möglichst dem ganz leichten
Gewebe Mull und Tarlatan Platz. Für Jahrzehnte verschwindet die Seide

*Abb. 70. Die schlanke Mode vor 100 Jahren*

Lefèvre. Pauline Borghese Bonaparte

geradezu, nur als Bluse wird sie geduldet. Man hätte sie auch sonst, die zu Futterstoffen und Unterkleidern degradiert war, nur mehr hören und nicht mehr sehen können. Wie mit den Kleiderstoffen handelt die Mode mit den Besätzen. Blumen, Spitzen, Bänder, Soutache, Schmelz, Stickereien erschei= nen zeitweise im Überfluß und verschwinden dann so völlig, als wären sie nie gewesen. Mit der gleichen Ausschließlichkeit wählt die Mode die Farbe aus. Die Skala der Farbwerte ist durch die chemische Industrie zu unerhörter Verfeinerung gebracht worden. Die Mode macht kaum Gebrauch von diesen Möglichkeiten, sondern erklärt diese oder jene Farbe zur Modesache, und wir sehen auf einmal alle Frauen in braun, blau, violett, grau, grün, auch wenn diese Farben nicht mit Haar und Teint harmonieren. Es gibt Handbücher, die nur geschrieben sind, um bei der Wahl der Farbe in der Toilette Rat zu erteilen, sorgfältig ausgeklügelte Systeme von Kontrast und Komplementär= farben, vergebene Mühe. Wenn es auch alle Farben gibt und alle in jeder denkbaren Nuance zu haben sind, man wählt sie nicht, weil man sie nicht trägt.

So wirkt die Mode hindernd, zügelnd auf die Bekleidungskunst. Sie wirkt fördernd durch den Wechsel, den sie vorschreibt. Gute Stoffe und solide Arbeit würden lange halten, kleidsame Schnitte lange gefallen, die Beklei= dungskunst gewissermaßen stabil werden, da kommt die Mode und diktiert den Wechsel. Stoff und Schnitt dürfen nicht mehr gefallen, sondern müssen durch etwas anderes ersetzt werden, das weniger solide, weniger kleidsam zu sein braucht, aber neu sein muß. Der Wechsel ist das stärkste Reizmittel, dessen sich die Mode bedient, die Peitsche, mit der die Bekleidungskunst förmlich angespornt und in Atem erhalten wird. Durchaus keine Neuheit unserer Zeit. In der Limburger Chronik liest man, daß der Modewechsel seit dem Jahr 1350 so schnell erfolgte, daß selbst die Schneider nicht mehr mitkamen. „Wer heuer war ein guter Schneider," bemerkt sie unter dem Datum 1380, „der taugt jetzt nicht eine Fliege mehr, also hatte sich der Schnitt verwandelt in diesen Landen und in so kurzer Zeit." Wenn der Wechsel in der Mode also auch schon vor alters etwas Altes war, so hat er doch in unseren Tagen ein Tempo angenommen, das im Gegensatz zu früher so beschleunigt erscheint, daß man es gern als „rasend" bezeichnet. Das ist

11

eine Folge der Industrialisierung der Mode. Wie das moderne Theaterwesen, die Kunst, der Literaturbetrieb zu Industrien geworden sind, die in ihrer rein kaufmännischen Ausgestaltung nur noch von Angebot und Nachfrage geregelt werden, mit Idealen oder ästhetischen Beweggründen aber nichts mehr zu tun haben, so ist auch die Bekleidungskunst zur Bekleidungsindu= strie geworden. Der herrschende Kapitalismus hat die Mode auf eine neue Grundlage gestellt, sie, wie Sombart so hübsch sagt, zu seinem liebsten Kind erkoren. Der weitgehende Einfluß, den die Industrie heutzutage in der Mode ausübt, hat viele moderne Volkswirte veranlaßt, die Mode überhaupt nur als ein Bedarfsphänomen zu betrachten, das mit der Erwerbsorganisation aufs innigste verknüpft ist und nur durch sie besteht. So sieht sie Walter Tröltsch. Nun hat, und Alex. Elster hebt das mit Recht hervor, der Kapi= talismus die Wirkung des Modewechsels zwar sehr gesteigert, aber nicht hervorgebracht, denn im 14. Jahrhundert, in das die Bemerkung der Lim= burger Chronik fällt, hat man von Kapitalismus und Industrialismus im heutigen Sinne nichts gewußt. Das moderne Unternehmertum hat nur ver= standen, sich die Mode dienstbar zu machen und die auf den Modewechsel gerichteten Instinkte des Käufers in bares Geld auszumünzen. Der Unter= nehmer hat ein starkes Interesse an einem recht häufigen Wechsel, denn dieser erlaubt ihm stets Neues zu produzieren und dadurch die Kauflust immer wieder anzureizen. So will Joh. Gaulke in der Mode nichts weiter als den wirtschaftlichen Kniff sehen, den das Anlage= und Verwertungsbe= dürfnis des Kapitals hervorgerufen hat. Je häufiger die Mode wechselt, um so bedeutender ist der Umsatz des Kapitals.

Ursache und Wirkung liegen hier so eng beieinander, daß es schwer sein dürfte zu entscheiden: wechselt die Mode so häufig, weil die Industrie ihr immerzu neue Muster zuführt, oder muß die Industrie immerfort Neues her= vorbringen, weil der Modewechsel sie dazu zwingt? Jedenfalls hat die innige Verbindung, die in den letzten Jahrzehnten zwischen Mode und Industrie stattgefunden hat, noch eine andere Eigenschaft der Mode zur Blüte ge= bracht, die Uniformierungssucht. Die Mode erhebt den Anspruch, daß jeder ihren Vorschriften zu folgen habe. Wer sich nicht nach ihr richten will, der ist nicht vollwertig. Diese Möglichkeit haben in früheren Zeiten nur die

*Abb. 71. Die schlanke Mode vor 40 Jahren*
Aus La Mode Artistique. Paris Januar 1879

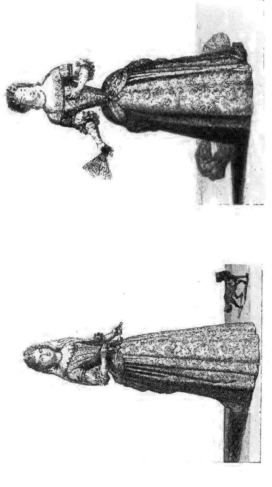

*Abb. 72/73. Die schlanke Mode vor 200 Jahren*

Französ. junges Mädchen von Stande
Modebild von Bonnart. Um 1680

Die Dauphine geb. Kurprinzessin v. Bayern
Modebild von Bonnart. Um 1680

besser situierten Klassen besessen und auch nur sie waren es, welche in ihrer Erscheinung die Mode repräsentierten. Neben der meist höfischen Mode= kleidung finden wir aber in der Vergangenheit noch Standes= und Volks= trachten bei jenen, welche der Mode entweder nicht folgen konnten oder nicht folgen durften. Das hat so gut wie ganz aufgehört, heute muß man die Volkstrachten suchen gehen. Das hängt ebenfalls mit der Industrie zusammen und ist eine Folgeerscheinung der Industrialisierung der Mode, welche die außerordentliche Ausbreitung der Konfektion gezeigt hat. Der Handel mit fertigen Kleidern ist bis in die Mitte des 18. Jahrhunderts zu verfolgen, seine herrschende Stellung verdankt er aber erst dem Entstehen der großen Waren= häuser. Sie haben die Mode und ihre Erzeugnisse zum Massenbedarf gemacht und ermöglichen es, daß heute alle Klassen der Gesellschaft der Mode folgen können, sofort und mit geringem Aufwand an Mitteln. Das geschieht auf Kosten der Qualität und mit Hilfe von Surrogaten. Die Konfektion hat ein solches Übergewicht in der Modeindustrie erlangt, daß sie, wie Nobert Stern behauptet, sich in Paris die Mode bestellt, die bequem als Massenartikel herzustellen ist. So hat die Mode mit Hilfe der Industrie ihre Herrschaft heute auf viel weitere Kreise ausgedehnt als je zuvor. In der modernen Kultur= welt hat sie die Unterschiede von Rang und Stand völlig verwischt und uniformiert hoch und niedrig, reich und arm. Dieser Umstand befördert an sich wieder einen raschen Wechsel, denn der, oder vielmehr die Reiche wird immer danach trachten, sich vom großen Haufen zu unterscheiden. Da sie sich aber durch nichts besser als durch ihre Kleidung unterscheiden kann, wird sie immer genötigt sein, nach Neuem zu greifen, um den Vorsprung beizubehalten, den ihr die Konfektion mit ihrer Surrogierungstendenz dauernd streitig macht. Also auch von dieser Seite her wird das Tempo des Mode= wechsels beschleunigt.

Die Mode hindert die Bekleidungskunst und fördert sie. In welcher Weise kann sie sich überhaupt zur Geltung bringen? Sie besitzt dazu verschiedene Mittel. Einmal die Nachahmung. Wenn sie, was wahrscheinlich ist, selbst aus Nachahmung entstand, man nimmt an, aus Ehrfurcht mehr als aus Ge= fallsucht, so hat sie dieses Mittel schon in allen frühen Zuständen der Kul= tur zuerst hier angewandt und tut es auch heute noch. Wissman beobachtete den Stamm der Baluba im Inneren Afrikas, die sich zu tätowieren pflegten. Er bemerkte, daß die jüngeren Mitglieder des Stammes Formen und Orna= mente der Muster dem benachbarten Stamme der Balanga entlehnten und sich mit den nachgeahmten fremden Mustern schöner und moderner vorkamen, als mit den angestammten heimischen. Als die gefürchteten wilden und kriegerischen Niam=Niam nach Osten vordrangen, berichtet Heinrich Schurtz, befanden sich unter ihren Nachbarstämmen bald genug junge Stutzer, die sich durch Nachahmung ihrer Tracht und Waffen ein größeres Ansehen zu geben versuchten. Diese Beobachtung bestätigte Thomson 1882, als nach einem Einfall der Zuluneger der bis dahin ganz harmlose Stamm der Waninde die Tracht, Bewaffnung und den Kriegsruf der Zulu annahm, um von der Furcht, welche diese allgemein einflößten, Nutzen zu ziehen. So nahmen die Juden die Trachten Babylons an, die ionischen Stoffe und Schnitte Kleinasiens drangen nach Griechenland, die griechischen nach Rom, um auf fremdem Boden Moden zu werden, d. h. auszeichnende Merk= male einer höheren Schicht der Gesellschaft, die dadurch, daß sie ihre Bekannt= schaft mit fremden Kulturen an den Tag legte, vor der Misera plebs einen Vorzug in Anspruch nahm. Der Stamm der Treverer, den Cäsar zu den Galliern, Strabo zu den Germanen zählt, ahmte nach Tacitus die Germanen nur nach, um anderen oder sich selbst deutschen Ursprung vorzutäuschen. Also ist es doch wenigstens einmal in der Geschichte vorgekommen, daß Gallier deutsche Moden aus Nachahmungssucht angenommen haben. Wer das den heutigen gallischen Bochophoben sagen wollte? Fr. Kaufmann hat nachgewiesen, daß es in frühhistorischen Zeiten unter den Germanen, die im Auslande gewesen waren, für fein gegolten haben muß, einen kelti= schen Namen anzunehmen oder den guten deutschen Namen wenigstens zu gallisieren. Sicher haben die, die so fühlten, auch die fremden Kleider zu den fremden Namen in die Heimat mitgebracht. Die Nordländer ahmten die deutsche Tracht mit solchem Eifer nach, daß König Hakon Magnus= sohn im Anfang des 14 Jahrhunderts Maßregeln dagegen ergriff, um seine Norweger den heimischen Gewohnheiten treu zu erhalten. 1367 wirft ein böhmischer Chronist seinen Landsleuten vor, daß sie begonnen hätten,. fremde, schändliche Trachten anzunehmen.

Diese Erscheinung ist allgemein und bei allen Völkern aller Zeiten zu be= obachten. Sie erlaubt uns wenigstens die Deutschen gegen den oft, nur all= zuoft gehörten Vorwurf in Schutz zu nehmen, als seien sie allein fremd= süchtig. Der nächste Weg der Mode ist der Wechsel der Schnitte und Stoffe. Er ist ebenso alt wie jener der Anlehnung an das Fremde. Schon im Schnitt der römischen Toga, die als National= und Ehrentracht eigent= lich der Mode hätte entrückt bleiben müssen, macht er sich geltend. Bei der Neigung der Mode für alle Extreme, auch schon in der Übertreibung. Die alten Schriftsteller wissen von übermäßig weiten oder zu engen Togen zu berichten, ebenso von zu langen, die man schleppen ließ. Als das Abendland in genauere Berührung mit dem Orient trat, im Altertum zu der Zeit, als die römische Herrschaft weit über das Küstengebiet des Mittelmeers hinausgriff, im Mittelalter als die Begeisterung für Befreiung des Heiligen Landes die Kreuzzüge herbeiführte, lernte der Westen die schönen Gewebe des Ostens kennen. Die köstlichen Seidenstoffe, die phantasievollen Halbseiden= und Baumwollgewebe, zumal die so ungemein reizvollen durchsichtigen und durchscheinenden Schleier übten eine große Wirkung auf das Bekleidungs= gewerbe aus und rivalisierten erfolgreich mit den Erzeugnissen des heimischen Marktes. Da bot sich der Mode ein neues Gebiet der Betätigung, und sie zögerte nicht, es in Besitz zu nehmen.

Lange Jahrhunderte hindurch war der Wechsel in Schnitt und Stoff die einzige Ausdrucksform, in der die Mode zur Geltung kam. Erst am Aus= gang des Mittelalters tritt als neues Element der Wechsel in der Form, der Form des Körpers hinzu. Auf diesem verharrt die Mode noch heute. Sie hat diesen Weg nur schüchtern betreten und nach vereinzelten Versuchen, die wir schon kennenlernten, wieder verlassen. Entschlossen und mit vollem Zweckbewußtsein verfolgt sie ihn erst seit der zweiten Hälfte des 15. Jahr= hunderts. Seit diesem Zeitpunkt hat sich auch die Tendenz durchgesetzt, für die verschiedenen Geschlechter eine verschiedene Kleidung herauszubilden. Wenn man von einer Änderung der Form des menschlichen Körpers spricht, so kann es sich natürlich nur um eine scheinbare Änderung handeln, um eine gewaltsame Stilisierung desselben. Mit ihr beginnt die Tracht des burgun= dischen Hofes ein neues Kapitel der Kostümgeschichte. Hier versucht die

Mode zum erstenmal die systematische Übertreibung der Körperform, und da sie dieselbe bei beiden Geschlechtern unternimmt, erzwingt sie gleich= zeitig eine übertriebene Betonung der sekundären Geschlechtsmerkmale. Der Mann erhält eine ganz unnatürliche Breite der Schultern, was durch riesige, mit Werg abgefütterte Ärmel erreicht wird, dazu wird die Taille geschnürt, um den Kontrast der Schlankheit herauszubringen, und um diesen noch stärker zu betonen, bekommt er enganliegende Beinkleider. Der Gesamt= eindruck wird schlank und grazil. Bei der Frau erreicht die Mode den gleichen Effekt durch die enge Bekleidung des Oberkörpers und den langschleppenden Kleiderrock. Die hohen Kopfbedeckungen in Form des zuckerhutförmigen Hennin steigern das Höhenmaß bedeutend. Dieser Versuch, durch die Form zu wirken, traf das damals lebende Geschlecht ganz unvorbereitet und führte zuerst zu einem merkwürdigen Durcheinander in allen Dingen der Tracht. Die Kostümhistoriker stehen dieser Zeit mit einem gewissen Befremden gegenüber. Sie wissen mit ihr so gar nichts Rechtes anzufangen, weil alle Tendenzen der Bekleidungskunst, die bis dahin gegolten hatten, ins Schwan= ken geraten und eine völlige Anarchie ganz willkürlicher und individueller Formen einzureißen droht. Indessen hat das nicht lange gewährt, die Mode hat ganz konsequent an diesem Stilprinzip festgehalten und es systematisch fortgebildet, indem sie immer das Schlanke mit dem Runden abwechseln ließ. Sie betätigte das erstmals, als sie dem Mann Wams und Beinkleider ausstopfte, schlitzte und daraus faltige Stoffmassen herausbauschte. Bei der Frau erreichte sie die Rundung durch den Reifrock. Diese beiden Haupt= richtungen, das Strecken nach der Höhe und das Ziehen in die Breite, haben in den letzten Jahrhunderten beständig miteinander abgewechselt und jeweils ungefähr ein Menschenalter gedauert. Man beobachtet dabei, daß die Mode im allgemeinen bei dem männlichen Geschlecht die natürlichen Formen nie= mals ganz vernachlässigt, sogar besondere Schönheiten des männlichen Wuchses, wie die Gestalt der Beine, der Schenkel und Waden, gern hervor= hebt, während sie bei dem weiblichen Geschlecht auf eine völlige Änderung aus zu sein scheint und in der Erscheinung der Modedame von dem Normal= weib eigentlich nichts übrigläßt. Kopf, Hals, Schultern, Arme, Taille haben sich modeln lassen müssen, als seien sie Wachs und nicht Knochen und

Abb. 74. Die schlanke Mode vor 40 Jahren

Aus La Mode Artistique. Paris Februar 1879

Fleisch. Der Unterkörper von der Taille ab verschwand vollends im Rock, der die Formen desselben ganz versteckt und nur in seltenen Fällen erraten läßt, dann aber auch ein Vexierspiel mit ihnen treibt, das z. B. in Reifrock und Tournüre unwahrscheinliche Rätsel zu lösen aufgibt.

Heutzutage hat die Mode so gut wie aufgehört, sich mit dem Mann zu be= schäftigen. Seit zwei Menschenaltern ist sein Gewand zur Zwecktracht erstarrt, die in Schnitt, Stoff und Farbe Änderungen nur noch in einem sehr bescheidenen Ausmaß gestattet. Dies geht so weit, daß sich im Jahre 1911 in Berlin eine Gesellschaft für Reform der Männertracht gebildet hat, die ein Gegengewicht schaffen wollte gegen die allzu starke Betonung des le= diglich praktisch Nützlichen im männlichen Anzug. Ein Kongreß von Schneidern, der 1912 in Neuyork tagte, beschloß, es müsse unbedingt im Interesse des Schneidergewerbes ein schnellerer Wechsel der Herrenmode herbeigeführt werden. Das Weib ist für die Mode ein dankbareres Objekt als der Mann, spielen doch in den guten Willen, mit dem es sich allen Ge= boten der Mode fügt, auch starke erotische Momente hinein. So ist die Mode es denn auch nicht müde geworden, der Frau ihre Aufmerksamkeit zuzuwen= den. Betrachtet man nun die lange Reihe der Moden, die aufeinander folg= ten, seit das Prinzip einer Änderung der Form zur Geltung kam, so bemerkt man auch hier, wie es schon in der Verwendung des Materials zutage trat, eine gewisse Periodizität der Erscheinung. Die Ablaufszeit dieser Phasen war früher eine längere und ist erst kürzer geworden, seit alle Möglichkeiten erschöpft sind, der Wechsel also häufiger erfolgen muß, um das ganz Alte immer wieder als Allerneuestes zu bringen. Die Modelung der Formen, seien es die von Kopf, Schultern oder Taille, geht jedesmal bis zur äußersten Grenze der Übertreibung, wo die Unmöglichkeit weiterzugehen Halt gebietet. Über= sieht man einmal mit einem Blick den Verlauf der Mode in den letzten Jahr= hunderten, so gewahrt man die außerordentliche Regelmäßigkeit, mit wel= cher sich derselbe vollzieht. Die Fontange der Zeit Ludwigs XIV., ein hohes Gebäude von Spitzen, Locken, Schleifen, findet ein Seitenstück in den Riesenfrisuren der Zeit Maria Antoinettes und den großen Coiffüren des Bürgerkönigstums, das noch gewaltige Hüte auf die Köpfe setzte, die schon Locken und Hauben trugen. Die 70er Jahre türmten wieder Massen von

Haar und Locken auf, und die Jahrhundertwende erlebte die Räder, die das
Gesicht der Frau wie eine Sonne umgaben. Zwischen diese Perioden der
Anhäufung fallen solche, die den Kopf beinahe schmucklos lassen. Die glat=
ten Scheitel des Rokoko, die flachen Arrangements des Empire, der Ma=
donnenscheitel des zweiten Kaiserreichs, die Mode der 80er Jahre, in der
die Frau auf einmal gar nicht so wenig Haar haben konnte, als die Eleganz
zuließ. Im Übertreiben, und sagen wir getrost im Untertreiben, also ein ganz
regelmäßiger Wechsel. Dieses Anschwellen und Abnehmen kehrt so regel=
mäßig wieder, wie im Meer Ebbe und Flut. Wir beobachten es auch in
der Kleidung. Im 16. Jahrhundert der spanische Reifrock, im 17. die weiten
Doppelroben, wie sie Rubens malte, im 18. die flachen, außerordentlich
breiten Paniers des Rokoko, im 19. die runde Krinoline des zweiten Kaiser=
reichs, und jetzt steht er wieder vor der Tür, der Reifrock. Dazwischen ebenso
regelmäßig verteilt im Wechsel die Perioden des engen Rocks und der langen
Schleppe. Sie fallen gewöhnlich mit Anfang und Ende des Jahrhunderts zu=
sammen. Das lange Schleppkleid der Mode Ludwigs XIV., die Chemisen
der napoleonischen Ära mit ihren langen Schweifen, die engen Röcke mit
den langen Schleppen der 70er Jahre, gegen die Vischer so gewütet hat,
die enge Mode, die wir uns eben zu verlassen anschicken. Auch die Über=
gänge wiederholen sich fast in der gleichen Form. Die Tournüre, die in den
80er Jahren soviel schlechte Witze veranlaßte, bildet immer die Vermitt=
lung vom Weiten zum Engen. Sie erscheint unter Ludwig XIV. und Lud=
wig XVI. schon in der gleichen Art der Anordnung wie im 19. Jahrhundert.
Wer einmal der Formenentwicklung der Ärmel oder des Ausschnittes nach=
geht, wird immer wieder auf die große Regelmäßigkeit stoßen, mit der sich
die Änderungen vollziehen. Mit der Monotonie des Pendels schwingt die
Mode langsam und gleichmäßig von einem Extrem zum andern und wieder
zurück. Es ist, sieht man nur aufmerksam zu, gar keine Rede von Launen
oder Sprüngen der Mode, der Wechsel vollzieht sich geradezu gesetzmäßig
und wiederholt ewig das Gleiche. Auf dem Wege der Formänderung muß
ja die schöpferische Kraft der Mode eher erlahmen als auf dem der Mate=
rialänderung. So eng begrenzt die scheinbaren Möglichkeiten dort sind, so
unbegrenzt eröffnen sich die wirklichen hier.

*Abb. 75. Die schlanke Mode von Gestern*

Mlle. Guisard. Promenaden Kleid. Modell von Béchoff-David, Paris 1914. Photo Henri Manuel.

*Wer sich überzeugt hat, wie gleichförmig im Grunde genommen das Schalten der Mode ist, wie sie sich nun schon seit einigen Jahrhunderten beständig wiederholt und sich immer wieder selbst kopiert, der wird auch den Erklärungen jener skeptisch gegenüberstehen, die sich mühen, die Mode aus dem Geist der Zeit zu erklären oder was noch weniger richtig ist, sie auf die Erfindungen einzelner Persönlichkeiten zurückzuführen. Die Mode hat mit der Bibel gemein, daß sie sich zu jeder Auslegung hergibt. Man wird immer imstande sein und es gehört nicht einmal großer Scharfsinn dazu, im Bilde alter Moden „organische Produkte gleichzeitiger Kultur= perioden" zu finden. Ein Schulbeispiel dieser Art von Geschichtsklitterung ist das 18. Jahrhundert, das Steckenpferd gewisser Kostümhistoriker. Sie reimen Puder und Schminke, Zopf und Perücke, Reifrock und Stöckelschuh auf Pompadour und Dubarry und übersehen ganz, daß Montesquieu und Rous= seau, Friedrich der Große und Kant Kinder der gleichen Zeit waren. Diese Art der geschichtlichen Appretur vergangener Moden sollte endlich ein= mal aufhören. Sie verrät zu sehr die Bequemlichkeit des Darstellers, der mit Leichtigkeit aus jeder Mode jeder Zeit herausdeuten kann, was er will. Ebenso falsch ist es, irgendwelche hervorragende Persönlichkeiten für die Moden ihrer Zeit verantwortlich machen zu wollen, ein Verfahren, das so= gar noch von solchen geübt wird, die dicke Bände und voll Geist und Witz dazu um die Mode herum schreiben, ihre Geschichte aber doch nur recht oberflächlich kennen. Da soll König Heinrich II. von Frankreich die Krause erfunden haben, weil er einen dicken Hals hatte, Königin Elisabeth von England das Korsett geschaffen, Ludwig XIV. die Perücke eingeführt, Kaiserin Eugenie die Krinoline erfunden haben, Behauptungen, von denen die eine noch falscher ist als die andere, die aber immer wieder aufs neue zu widerlegen kaum lohnt, da sie zu den konventionellen Irrtümern gehören, die einmal nicht auszurotten sind. Man darf dabei zugeben, daß es in der Mode zwei Strömungen gibt, die des Grundes, die die Richtung bestimmt, also hier die Form, und die der Oberfläche, des leichten Wellengekräusels, die wir dem Ausputz vergleichen wollen. Die Grundströmung, d. h. die große Linie wird von niemand bestimmt, sie setzt sich von selbst durch, aber sie trägt an ihrer Oberfläche Kleinigkeiten die Fülle, deren leichtes Gewicht*

12

wohl von einzelnen aus der ursprünglichen Richtung abgelenkt werden kann. Kaiserin Eugenie hat die Krinoline weder erfunden noch eingeführt, also auf die große Linie, die doch die Hauptsache bleibt, keinen Einfluß gehabt. Aber sie hat vielleicht einmal hübsch gefunden, die Enden der Schärpe vorn zu tragen statt hinten, die Volants des Rockes schräg zu setzen, statt gerade, Rüschen zu verwenden statt Fransen, und wenn man ihr das nachmachte, da es der schönen Spanierin gut stand, so glaubte man, sie diktiere die Gesetze der Mode. Dafür, daß ihr das nicht einmal immer in Kleinigkeiten gelang, ließen sich die Beispiele häufen, sie schien die Mode nur zu beherrschen, weil sie ihr folgte, gemacht hat sie sie nicht. Überhaupt macht sie niemand; wer sie bestimmt, wie sie entsteht, ist noch heute ein Rätsel. Man spricht immer von Paris als ihrem Ursprungsort, am ärgerlichsten dann, wenn der politische Gegensatz zu Frankreich wieder einmal kulminiert. Nun sagt Albert Rasch ganz mit Recht, die Pariser Schneider machen Modelle, aber keine Mode. Ob diese Modelle Mode werden, das bestimmen ganz andere Faktoren. Man hört so oft, daß selbst die routiniertesten Theater= direktoren vor der Aufführung eines neuen Stückes unsicher sind, ob es wohl gefallen wird oder nicht, und manchmal an Stücke, die Hunderte von Aufführungen erlebten, absolut nicht heranwollten, während Neuigkeiten, denen die Leute vom Beruf einen großen Erfolg weissagten, glatt durch= fielen. Genau so geht es den Pariser Nouveautés. Werden sie angenommen oder ausgelacht? Niemand weiß es. Die Mode wird dem Publikum nicht aufgedrungen, Verkäufer und Käufer haben am Erfolg den gleichen An= teil und tragen die Verantwortung gemeinschaftlich. Was das Publikum nicht gut heißt, kann niemals Mode werden, es sei sonst, wie es wolle. Gerade weil die Mode unserer Zeit, die man wirklich die große Gleichmacherin nennen kann, viel größere Massen in ihre Kreise zieht als früher, macht sie dieselben auch mit verantwortlich für alle Erscheinungen, die sie zeitigt. In den allerletzten Jahren haben wir ja mehrere Male erlebt, daß Moden, die anscheinend ganz im Sinne der Zeit waren, einhellig abgelehnt wurden, trotzdem sie mit der größten Reklame an die Öffentlichkeit traten. So ging es 1911 dem Pariser Hosenrock, der eigentlich ganz in der Linie der Mode lag, so eben erst dem Reifrock, den Vorwitzige zu früh zu tragen wagten.

Gesellschaftstoilette. Modell von Paquin in Paris. 1913
Photo Talbot

Abb. 76/77. Die schlanke Mode von Gestern

Promenadenkleid. Modell von Bichoff-David, Paris
Photo Henri Manuel

**Abb. 78/79. Die schlanke Mode von Gestern**

Gesellschaftskleid aus langeforbenem Velourchiffon mit Pelzbesatz und Straßatll
Modell Margeine Lacroix in Paris. Photo Talbot.

Toilette zum Rennen von Tuft und Chantilly Spitzen
Modell von Canet in Paris. Photo Félix

*Die Modebilder und die Auslagen zeigen ihn, die weiten Röcke mit der Menge ihrer Falten fordern ihn gebieterisch, die Mode ist nach Analogie früherer Erscheinungen ganz sicher auf dem Wege zu ihm, und doch sieht man ihn noch nicht. Das Publikum zögert ihn anzunehmen, weil die Augen an die neue Linie noch nicht gewöhnt sind. Wahrscheinlich wird die Ent= wicklung den gleichen Weg nehmen wie vor 70 Jahren. Man wird anfangs die Zahl der Unterkleider vermehren, und erst wenn deren Gewicht lästig fallen wird, wieder zu dem Stahlgerüst der Krinoline greifen, das auch damals die Erleichterung brachte. Das Publikum, sagen wir gleich die Frau, macht sich ihre Mode selbst, und nur weil sie sich oft genug derselben schämt, sucht sie nach Mitschuldigen, welchen sie die Verantwortung aufbürden kann.*

FÜNFTES KAPITEL

REFORMEN UND REVOLUTIONEN

Die Bekleidungskunst hat keine Feinde, die Mode kann die ihrigen nicht
zählen. Sie folgen ihr alle, aber keiner glaubt an sie. Man möchte zweifeln,
ob sie wohl Freunde hat. Im Chorus derjenigen, die ihre Stimme über die
Mode erheben, fehlen sie jedenfalls. Gegner die Fülle, einige wenige, die
sich einer gewissen Objektivität befleißigen, für sie spricht keiner. Besten=
falls gilt sie als ein Übel, das man ertragen muß, weil man es eben nicht
ändern kann, wie etwa der Städter das schlechte Wetter über sich ergehen
läßt. Die Versuche, sie abzuschaffen, zu ändern, zu bessern, haben die Mode
begleitet, seit man Kenntnis von ihr hat, Versuche, die immer wieder unter=
nommen worden sind, trotzdem sie bisher alle miteinander fehlschlugen. Auf
allen Gebieten, auf die sie sich erstreckt, erwuchsen ihr Feinde, nach welchen
Richtungen sie greifen mag, fand sie Gegner. Gründe der Ökonomie, der
Hygiene, der Ästhetik, des Patriotismus sind gegen sie ins Feld geführt
worden, die Kirche hat das schwere Geschütz ihrer Bannflüche gegen sie
aufgefahren, ein Regenschauer kaiserlicher, königlicher und anderer Verbote
ist auf sie niedergegangen — und der Erfolg? Sie klappert weiter wie die
Windmühle nach dem Angriffe Don Quijotes. Kriege vermögen ihr nichts
anzuhaben, denn politische Veränderungen gehen sie nichts an. Nur ein
großer Umschwung im Fühlen und Denken der Menschheit vermag es, der
Mode eine andere Richtung zu geben. So kann man sagen, daß, seit die
Gesellschaft durch die große französische Revolution eine andere Einstellung
erfuhr, das bürgerlich=demokratische Element das aristokratische in den
Hintergrund drängte, die Mode eine ganz andere geworden ist. Sie ist im
Gegensatz zu früher viel bescheidener. Marcel Prévost sagt einmal, sie habe
Bankerott gemacht. Sie hat sich dafür auf weitere Schichten der Bevölkerung

*Abb. 80. Die schlanke Mode von Gestern*

Gesellschaftskleid. Modell aus dem Atelier Lucille, Paris. Photo Henri Manuel

erstreckt, sich aber von manchen Gebieten auch fast ganz zurückgezogen. Der Mann hat es, wie schon gesagt, im 19. Jahrhun= dert fertiggebracht, seinen Anzug zu einer Tracht umzubilden, deren Formen seit zwei Menschenaltern so gut wie gar nicht mehr wechseln. Die Mode hat ihre Herrschaft über ihn verloren, denn ob die Schneider mal die Knöpfe anders setzen, die Taschen anders anordnen oder den Schnitt ein klein wenig ändern, ist so unwesentlich, daß es nur der Snob gewahr wird. (Warum be= zeichnet man diese Spezies der Mensch= heit eigentlich immer noch mit einem un= verständlichen Fremdwort, während der Berliner doch den treffenden Ausdruck Fatzke dafür hat?) Diese Emanzipation von der Mode hat die Kräfte des Mannes für nützlichere Dinge freigemacht. In den Zeiten, in denen der Mann sich auch putzte, ist die Welt nur sehr langsam fortgeschrit= ten. Im Jahrhundert, in dem der Mann damit aufgehört hat, machte sie größere Fortschritte als in Jahrtausenden zuvor. Der Mann trägt heute eine Tracht, die man die Uniform der Zivilisation nennen könnte, so allgemein verbreitet sind ihre Stoffe, Schnitte und Farben über die ganze Erde. Das hat nun, wenn man schon vom Standpunkt der Hygiene und der Brauch= barkeit nicht viel gegen den jetzigen An=

Gesellschaftsanzug für Herren. Ent= wurf von H. Katzenberger in München. Aus: Schriften der Gesellschaft für Re= form der Männertrachten. Gautzsch bei Leipzig. Felix Dietrich. 1912.

zug des Mannes einwenden kann, dazu geführt, ihn ästhetisch reformieren zu wollen, denn in dieser Beziehung läßt er wirklich allerlei zu wünschen *übrig. Margarete Bruns hat schon 1902 den Wunsch ausgesprochen, der Mann solle enge Schenkelhosen und Kniestrümpfe tragen. Das wäre ganz gewiß eine große ästhetische Besserung, und die schon genannte „Gesell= schaft für Reform der Männerkleidung", die sich 1911 in Berlin bildete, weil sie in der heutigen Männertracht eine „Beleidigung des Mannes" er= blickte, arbeitete nach der gleichen Richtung hin und machte Propaganda für Kniehose und Wadenstrumpf. Mittlerweile hat der Krieg ihre Bestre= bungen paralysiert.*

*Reformen der Mode sind früher wesentlich aus ökonomischen Gründen versucht worden, man wollte das Geld, das für Putzartikel nach Paris wanderte, im Lande behalten. Erst seit dem Ende des 18. Jahrhunderts beginnt die Hygiene ihren Kampf gegen die gesundheitsschädigenden Torheiten der Kleidung. Da schrieb Vaughan gegen die Männer=, Sömmering und andere gegen die Frauenkleidung; soweit es sich überblicken läßt, ohne Erfolg. Indessen betraten sie doch damit eine Bahn, die nicht wieder verlassen wurde und besonders von den zahlreichen populären Zeitschriften, die im 19. Jahr= hundert entstanden, sogar mit Vorliebe begangen wurde. In Deutschland hat die „Gartenlaube" in dieser Hinsicht unbestreitbare Verdienste. Aus= sichtsreich wurden diese Bestrebungen erst, als sich die Hygiene zu einer Wissenschaft entwickelte, was sie eigentlich erst im letzten Drittel des ver= gangenen Jahrhunderts bewerkstelligt hat. Sie mußte sich notwendig mit der menschlichen Kleidung beschäftigen und hat es auch eingehend getan. Pettenkofer wird man wohl den Begründer der experimentellen Hygiene nennen dürfen und zugleich als Schöpfer der wissenschaftlichen Bekleidungs= hygiene betrachten können. Pettenkofer und seine Nachfolger Max Rubner u. a. haben die Schädlichkeit festgestellt, welche gewisse Stoffe und ihre Verarbeitung durch die Undurchlässigkeit auf den Körper ausüben. „Die Kleidung sollte uns nie vollständig von der äußeren Luft abschließen," schrieb Pettenkofer 1872, „je mehr sie sich dem zu gesundem Bestehen erforder= lichen Luftwechsel widersetzt, desto hemmender wirkt sie auf die Ausschei= dungen des Körpers ein, verschlechtert die Blutmischung und dadurch die Proportionen des Körpers." Die Forschungen der Wissenschaft regten die Populärhygiene an, auf deren Gebiet sich Karl Reklam u. a. Verdienste er=*

*Abb. 81. Die schlanke Mode von Gestern*

Gesellschaftstoilette von Drécoll in Paris 1912. Photo Henri Manuel

*Abb. 82. Die schlanke Mode von Gestern*

Gesellschaftskleid aus blauer Charmeuse mit Pelzbesatz. Modell von Doucet in Paris 1913
Photo Talbot

warben, und wirkten zugleich auf eine Anzahl von Erfindern, welche sie an=
feuerten, die Resultate der Forschung in die Praxis zu übertragen. So traten
denn auch nacheinander eine Reihe von Vorschlägen zur Verbesserung der
Kleidung vor die Öffentlichkeit. Die Hygiene war geradezu Mode geworden,
und so kann man sagen, daß eigentlich alle neuen Ideen auf ihrem Gebiete
Erfolg hatten. Den ersten und größten wohl Gustav Jäger mit seinen Bestre=
bungen zur Einführung einer Normalkleidung aus reiner Wolle, die mit seiner
Entdeckung der Seele (1879) zusammenhing. Er wollte die Erfahrung gemacht
haben, daß der Mensch in seinem Leibe dauernd zwei entgegengesetzte Stoffe
erzeuge, nämlich die angenehm riechenden Lust= und die stinkenden Angst=
stoffe. Nun beschloß er, solle die Kleidung, besonders die Unterkleidung,
für das richtige Gleichgewicht dieser beiden Duftstoffe sorgen. Sie sollte
eine Körperbeschaffenheit herstellen, bei der möglichst wenig Angststoffe
und möglichst viel Luststoffe erzeugt würden. Er glaubte das durch Tragen
wollener Wäsche und wollener Kleider erreichen zu können, und er errichtete,
auf seiner Entdeckung fußend, ein ganzes System der Normalkleidung, das
alle Kleidungsstoffe von Pflanzenfasern völlig ausschloß und nur solche von
tierischer Wolle, besonders Schafwolle, zuließ. Sein Motto: Wer weise, wählt
Wolle, wurde zum Schlagwort in ganz Deutschland, die von ihm eingeführte
Jägeruniform als wetterfest, affektfest, seuchenfest eine Modesache. Er fand
den zweireihigen württembergischen Soldatenrock, die gesündeste, zugleich
abhärtende und schützende Kleidung für Männer, und wünschte, sie solle
erst schwäbische, dann deutsche Nationaltracht werden. Wer 30 − 35 Jahre
zurückdenken kann, wird sich besinnen, daß es in der Tat damals den An=
schein hatte, als werde es dazu kommen, so überaus zahlreich waren die
Erscheinungen der Jägerianer. Sein Reformvorschlag für die Frauenkleidung:
Wollhemd, Wollstrümpfe, Unterhosen und Unterrock von Flanell, kein
Korsett, dazu Oberkleid aus Wolle, bis an den Hals geschlossen und vorn
über der Brust mit Flanell gefüttert, hat, was sich unschwer begreifen läßt,
wenig Beifall gefunden.

   Keiner der anderen Reformer hatte den durchschlagenden Erfolg wie
Gustav Jäger, dessen Wollsystem sich aber schon aus dem Grunde nicht
halten konnte, weil der Stoff in der Anschaffung zu kostspielig, im Tragen

*nicht praktisch und für Reinigung recht schwierig war. Pfarrer Kneipp, der Wasserprophet von Wörishofen, empfahl statt wollener Unterkleider solche von grobem Bauernleinen; Heinrich und Anna Jäger hielten Kreppgewebe für die besten, d. h. Stoffe, die aus Wolle, Baumwolle und Seide kombiniert sind, Lahmann endlich, dessen vorbildliches hygienisches Wirken noch un= vergessen ist, suchte die Verwendung der Baumwolle zu fördern. Lahmanns Reformbaumwollkleidung vereinigte nach des Erfinders Angabe alle Vor= teile der Trikotwollenkleidung, ohne ihre Nachteile. Sie besteht aus einem lockeren durchlässigen Gewebe, das die Haut nicht reizt und die Ausdün= stung nicht hindert, und hat vor der Wolle den großen Vorzug voraus, sich reinigen zu lassen, ohne in der Wäsche einzulaufen oder zu verfilzen. Unbe= dingt verwarf Lahmann das weiße, enggewebte und womöglich noch gestärkte Hemd und die Anwendung von Futterstoffen, die oft in mehreren Lagen über= einander angebracht, durch ihre Undurchlässigkeit die Selbstvergiftung des Körpers verschulden. Er forderte als Hauptsache, daß der Mann das Leinen= hemd und die gefütterte Weste beseitige, eine indifferente, die Haut nicht reizende Unterkleidung anlege und zur Oberkleidung einen durchlässigen Stoff von Loden, Buckskin oder Kammgarn wähle. Für die Frau hieß er alles gut, was die Form des Körpers nicht in gesundheitswidriger Weise verändere.*

*Jäger, Kneipp und Lahmann haben in erster Linie ihr Interesse der Unter= kleidung zugewandt, und die Fragen, die sie durch ihr Wirken anregten, haben im Laufe der letzten Jahrzehnte zu einer gründlichen Reform der= selben geführt. Man wird, ohne Widerspruch befürchten zu müssen, sagen können, daß die Unterkleidung, die jetzt von beiden Geschlechtern getragen wird, den Ansprüchen der Hygiene in ganz anderer Weise genügt, als es noch vor 30 oder 40 Jahren der Fall war. Da sie sich dem Anblick ent= zieht, so kann der einzelne eher riskieren, darin mit dem Herkommen zu brechen, und sich nach eigenem Wohlbefinden anziehen, als in der Ober= kleidung, die fortwährend der Kritik ausgesetzt ist. So sind denn auch die Resultate der Reform, soweit man sie nicht sieht, im ganzen glücklicher als die Ergebnisse der Bewegung, die auf eine Umgestaltung des Sichtbaren abzielte. Diese Bestrebungen, die sich fast ausschließlich der Änderung der Frauenkleidung zuwandten, fielen zusammen mit der Reformbewegung,*

*Promenade Kleid. Etwa 1885*

*Gesellschaftskleid. Etwa 1885*

**Abb. 83/84. Schwedische Reform**

*Abb. 85. Reformkleid*
nach dem Entwurf von Paul Schultze-Naumburg
Aus Paul Sch.-N. Die Kultur des weiblichen Körpers. Leipzig 1901

die das gesamte Leben der Frau
auf eine neue Grundlage zu
stellen gedachte, und bildeten
einen Teil dessen, was man
unter Emanzipation der Frau
versteht. Im Laufe etwa der
80er und 90er Jahre des ver=
gangenen Jahrhunderts setzte
diese Bewegung ein, die auf
allen Gebieten des geistigen
und künstlerischen Lebens auf
eine Neuwertung unseres Kul=
turbesitzes abzielte und auch
die Frau von Vorurteil und Irr=
urteil zu befreien suchte. Sie
drängte sie dadurch auch zu
einer anderen umfassenden Be=
tätigung, als sie ihr bisher zuteil
geworden war. Da das nur im
Rahmen der Kultur geschehen
konnte, die schließlich doch der
Mann geschaffen und ausge=
baut hat, so lief es bei ihr auf
eine Nachahmung des Mannes
hinaus, sie wollte alles das auch
tun, was ein Mann kann. Alle,
die in der modernen Frauen=
bewegung tätig waren, sagten
sich von Anfang an mit Recht,

Reform Tea gown.
Modell von Worth & Co. auf der Londoner Aus=
stellung der Rational Dress Association 1883.

daß, wenn die Frau mit dem Mann in Wettbewerb treten wollte, sie zu aller=
erst daran gehen müsse, ihren Anzug zu ändern. „Im Frauenkleid“, sagt
Robert Stern ganz richtig, „liegt ein gut Stück Frauenfrage.“ Solange die Art
und Weise ihrer Kleidung die Frau zwingt, sich beständig mit derselben zu be=

13

schäftigen, immerfort an sich herumzubasteln und herumzuzupfen, ist sie von
vornherein schon verhindert, einen Beruf auszuüben, geschweige denn den=
selben auszufüllen wie ein Mann, der einmal angezogen, mit seiner Toilette
fertig ist. „Für mich gibt es keinen stärkeren Beweis von der augenblicklichen
Inferiorität der Frau", schrieb Mrs. King 1882, „als die Art und Weise, in
welcher sie sich anzieht." An diesem Punkte setzte die moderne Reformbe=
wegung ein, die gegen die Mode vorging, weil sie mit vollem Recht in ihr
das Element sah, das jedem Fortschritt der Frau hindernd im Wege stand.
Wenn man sich einmal die Kleidung ins Gedächtnis zurückruft, welche die
Mode um 1890 herum der Frau vorschrieb und an die festgeschnürte Taille
und die vielen Röcke denkt, die sie trug, so wird man zugeben müssen, daß
das allerdings kein Anzug war, in dem sich der Kampf ums Dasein beginnen
ließ. „Die Reform der Frauentracht ist eine Mitbedingung bei der Befreiung
der Frau," schreibt Lahmann, „denn die Modesklavin ist für die Wieder=
geburt der Menschheit nicht brauchbar." Parallel mit den Bestrebungen der
Hygiene und der Frauenbewegung lief damals jene Strömung, die man die
der Naturmenschen nennen könnte, die in den Persönlichkeiten von Dieffen=
bach, Pudor, Guttzeit u. a. so auffallende Vertreter fand. Sie bildeten auf
dem linken Flügel der Reform eine kleine, aber laute Gruppe von Extremisten,
die aus der verkünstelten, durch die Kultur verschrobenen Welt zurück in
die Natur, zur Ursprünglichkeit und Gesundheit wollten und als wichtigstes
Mittel dazu die Vereinfachung unserer Kleidung ansahen. So begann denn
von allen Seiten ein frischer fröhlicher Kampf gegen die Mode, und die Frauen
waren es, welche selbst die Initiative ergriffen.

Amerika begann. In der Mitte der 70er Jahre unternahm ein Verein
amerikanischer Frauen den ersten organisierten Versuch, mit den herge=
brachten Ideen über die weibliche Kleidung zu brechen. Er ließ in einer Reihe
von Orten der Vereinigten Staaten eine Serie von fünf Vorlesungen über diese
Frage halten und deren Resultat von Mrs. Adda Goold Woolson in einer
kleinen Propagandaschrift zusammenfassen. Mit ihrer Hilfe kompilierte die
Firma Ward, Lock & Co. ein Werk: Kleidung, Gesundheit und Schönheit,
das ziemliche Verbreitung fand und die Aufmerksamkeit weiterer Kreise auf
diese Angelegenheit lenkte. Die angestellten Untersuchungen und die damit

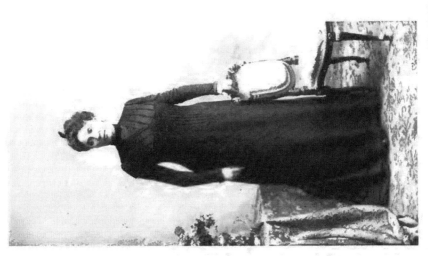

*Abb. 86/87. Reformkleider*
von der Internationalen Kunstausstellung in Dresden 1901

*Abb. 88. 89. Reformkleider*

von der Internationalen Kunstausstellung in Dresden 1901

*verbundenen Erörterungen brachten die Überzeugung hervor, daß der ganze Aufbau und die wesentlichsten Züge der Frauenkleidung allen Forderungen von Gesundheit, Schönheit und Anstand widersprächen. Der Erfolg, den die Bemühungen der Amerikanerinnen hatten, war trotzdem nicht sehr groß, er lief in negativer Hinsicht auf die Forderung hinaus, kein Korsett zu tragen, sich nicht zu schnüren und Stiefel mit hohen Absätzen zu verbannen. Positiv begnügte man sich damit, die Unterröcke durch eine Hose zu ersetzen. Nach dem Vorbild des amerikanischen Bundes bildete sich 1882 in London die „Rational Dress Association", der eine Reihe bekannter Ärzte beitrat und an deren Spitze sich die literarisch rührige Mrs. E. M. King stellte. Die Gesellschaft setzte sich die Unterstützung der Kleiderreform beider Ge= schlechter zum Zweck und verlangte von dem vollkommenen Anzug, den sie anstrebte:*

*1. Freiheit der Bewegung, 2. Abwesenheit jeden Druckes auf irgendeinen Körperteil, 3. nicht mehr Gewicht, als für die Erzielung von Wärme absolut nötig ist, 4. Vereinigung von Grazie und Schönheit mit Bequemlichkeit und Anstand, 5. keine allzu auffallende Abweichung von dem Kostüm der Zeit. Der Verein veranstaltete 1883 in Prince's Hall eine Ausstellung vernünftiger Kleider und gab kurze Zeit hindurch eine Zeitschrift heraus „Healthy and Artistic Dress Review", zu der auch Walter Crane Beiträge lieferte. Die Wir= kung war nicht stark, und auch, als der Verein sich einige Jahre später unter dem Vorsitz von Lady Haberton zur „Rational Dress League" erweiterte, erlangte er keine rechte Bedeutung. Etwa zur gleichen Zeit bildete sich auch in Schweden ein Verein für Reformierung der weiblichen Tracht, dessen erste Publikationen 1886 erschienen und mit dem Programm: Ästhetisch, hygienisch, praktisch, ökonomisch eine Vereinfachung und Verbesserung der Frauenkleidung bezweckte. Cristine Dahl führte ein System nach diesen Grundsätzen aus, auf dessen Einzelheiten sie Patente nahm. Ähnliche Ver= eine bildeten sich in Holland, Frankreich, Italien, Österreich, Rumänien. Dafür aber, daß diese wichtige Angelegenheit, nachdem sie einmal in Fluß ge= kommen war, nicht ohne greifbare Resultate erzielt zu haben, wieder zur Ruhe kam, haben deutsche Frauen gesorgt. Auf dem Internationalen Kongreß für Frauenwerke und Frauenbestrebungen, der in Berlin 1896 tagte, hielt*

13*

Geteilter Rock.
Modell von Worth & Co. auf der Londoner Aus=
stellung der Rational Dress Association 1883.

Dr. Karl Spener auf Veranlas=
sung des Präsidiums der Damen
Lina Morgenstern, Minna Cauer
und Jeannette Schwerin einen
Vortrag über die Schäden der da=
maligen Frauenkleidung. Dieser
gab die Anregung zur Gründung
von Vereinen in Berlin und Dres=
den, die sich 1897 zu dem allge=
meinen Verein für Verbesserung
der Frauenkleidung zusammen=
schlossen. Aus ihm ging 1907
der deutsche Verband für Ver=
besserung der Frauenkleidung
hervor. Er hat Zweigvereine in
allen größeren Städten Deutsch=
lands gegründet und wirkt durch
seine Zeitschrift „Neue Frauen=
kleidung und Frauenkultur", die
bei G. Braun in Karlsruhe er=
scheint, in weiten Kreisen. Die=
ser Bund, um dessen Zustande=
kommen und Fortbestehen Mar=
garete Pochhammer die größten
Verdienste hat, begnügt sich
nicht mit einer schematischen
Behandlung der Kleiderfrage
allein, er macht vielmehr die Körperkultur der Frau zum Ausgangspunkt
seiner Bestrebungen. Stratz hatte schon 1904 geschrieben: man suche nicht
die Frauenkleidung zu verbessern, sondern die Frau, ein Grundsatz, den sich
der Bund zu eigen gemacht hat. Er ordnet damit die Frage von der Ver=
besserung der Kleidung in das ganze System von Reformen ein, die auf
Volkshygiene, im weiteren Sinne auf Rassehygiene abzielen.

*Abb. 90. Die Tournüre*
Aus La Mode Artistique. Paris, Mai 1873

Die gesundheitsschädi=
gende Wirkung der Mode=
kleidung wurde unter dem
Einfluß zwei so starker
Faktoren, wie die Hygiene
und die Frauenbewegung es
waren, geradezu ein Lieb=
lingsstudium der Ärzte.
Unter den ersten, die sich
mit dieser Frage befaßten,
waren Dr. Spener in Berlin,
Dr. Meinert in Dresden,
Dr. Bendersky in Kiew,
Dr. Brosin in Dresden, Pro=
fessor Eulenburg in Ber=
lin und viele andere
mehr. Eine Zeitlang gab
es kein Frauenleiden, von
der Bleichsucht angefan=
gen, das nicht auf die un=
zweckmäßige Kleidung zu=

Reform Dr. Speners. Aus: Dr. Spener, Die jetzige
Frauenkleidung. Berlin, Hermann Walther, 1897.

rückgeführt worden wäre. Im Grunde genommen waren die Vorwürfe gegen
die Kleidung natürlich die gleichen; ebenso wie sich die Vorschläge zu
einer Reform so ziemlich glichen. Sie laufen auf die Leitsätze hinaus, die
Dr. O. Neustätter in seiner Reform der Frauenkleidung zusammengefaßt
hat. Diese lauten folgendermaßen:

1. Die Last der Kleidung soll im ganzen möglichst vermindert werden.

2. Sie soll nirgend einen Druck ausüben, der den Körper belästigt oder
gar Weichteile, innere Organe oder speziell die Atmung beengt. Insbesondere
also müssen der Brustkorb, die Brüste und die Taille hinreichend frei sein.

3. Die Zahl der Kleidungsstücke soll vermindert werden. Diese Forderung
bezieht sich hauptsächlich auf das höchst unzweckmäßige System der vielen
Unterröcke.

*4. Die Unterkleidung soll zum Ersatz wärmer gestaltet werden. An Stelle der von unten her weder gegen Kälte noch Staub schützenden Unterröcke tritt ein geschlossenes Unterbeinkleid.*

*5. Die Oberkleidung soll weniger dem durch die Unterkleidung zu regeln= den Wärmehaushalt als dem Schmuck dienen, dadurch kann der Forderung genügt werden, ihre infolge ihrer Form nicht so anstandslos auf den ganzen Körper zu verteilende Last zu verringern.*

*6. Die Kleidungsstücke sollen sich dem Körper mit Ausnahme der Brust möglichst anschmiegen, so daß sie sich nicht nur durch Zug und Belastung, sondern auch durch Reibung halten. Ein Trikot, das überall dem Körper sich anschmiegt, wäre hier das konstruktive Vorbild, das in der Unterklei= dung auch möglichst anzustreben ist. Die Schultern sind dabei mehr Be= festigungs= als Tragpunkte.*

*7. Nicht zu vermeidende hängende Last darf den Schultern, soll aber gleichzeitig auch den Hüften übertragen werden. Eine leichte Raffung unter der Brust ist gestattet, eine festere an den Hüften empfehlenswert.*

*8. Die Brüste sollen vor Belastung, Einengung, Druck und Reibung ge= schützt werden. Die Zugrichtungen der von den Schultern herabhängenden Kleidungsstücke sollen sie umkreisen, d. h. in der Mitte zwischen ihnen und außen an ihnen vorüberziehen. Der Quere nach soll ebensowenig ein stärkerer Druck auf sie wirken. Büstenhalter müssen also unterhalb derselben ihre Gürtung haben.*

*9. Die Taille und der untere Brustkorb dürfen keinerlei Einengung er= fahren. Alle Kleidungsstücke, die um sie liegen, müssen so weit sein, daß sie auch nicht bei tiefstem Atemholen irgendwelche Einschnürung be= dingen. Etwa nur bis zur Taille reichende Röcke dürfen nie gebunden, nur ge= knüpft werden und müssen einen breiten Bund haben, der auch beim Ein= atmen genügend Platz gewährt, also etwas weiter ist als das Maß im Liegen über den darunter getragenen Kleidungsstücken beim Einatmen. Diese Regel ist allgemein gültig. Oberkleider würden also etwa 5 cm an Taille und unterer Brust weiter zu halten sein, als das Maß über sämtlichen Un= terkleidern beträgt. Nach Korsetttragen ist das Maß beim Einatmen im Liegen noch nicht richtig. Man warte einige Tage oder wenigstens die*

*Abb. 91/92. Reformkleider*

von der Internationalen Kunstausstellung in Dresden 1901

*Abb. 93/94. Reformkleider*
von der Internationalen Kunstausstellung Dresden 1901

Nachtruhe ab und messe dann morgens im Liegen. Der Bund etwaiger Röcke, Unterröcke oder Beinkleider soll namentlich vorn am Leib einige Finger= bis handbreit unter der früheren Taille liegen, hinten am Kreuz kann er höher hinaufreichen. (Er ruht also dann auf den Hüften. Das Ungewohnte dieses Sitzes verliert sich sehr rasch. Der Sitz entspricht dem des Hüfttuches bei den Wilden bezw. des Hüftbandes bei den Griechen.) Am Abrutschen darf er nicht etwa durch Engermachen, sondern durch Anknöpfen an das darunterliegende Kleidungsstück, ein Leibchen oder einen Träger, verhindert werden.

10. Alle versteifenden Einlagen, Fischbeine, Uhrfedern, Stäbchen sind überall zu verwerfen, wo sie eine Bewegung des Körpers in ihrer Freiheit beeinträchtigen würden oder wo sie zur Erzielung einer Einengung dienen können.

11. Ganz besondere Sorgfalt auf die Befolgung dieser Vorschriften ist bei noch nicht voll ausgewachsenen Mädchen, also bis zum 18. bis 22. Jahre, zu verwenden.

Das Objekt, dessen Beseitigung der erste Ansturm der Reformerinnen galt, war, es konnte ja nicht anders sein, das Korsett. Die Überzeugung von der Unentbehrlichkeit dieses Kleidungsstückes muß im Unterbewußt= sein der Frau wohl zu fest verankert sein, denn sonst hätte es längst den Angriffen weichen müssen, denen es schon ausgesetzt war. Als Sömmering 1788 seine berühmte Preisschrift „Über die Schädlichkeit der Schnürbrüste" veröffentlichte, hatte er in den 200 Jahren zuvor schon einige 90 Vorläufer, die alle mit denselben Gründen (und mit demselben Erfolge) dagegen ins Feld gezogen waren. Die verhängnisvolle Wirkung des Korsetts, das den Blutumlauf stört und dadurch die meisten Frauenleiden hervorruft, war denn auch der Hauptangriffspunkt der Reformer, „Fort damit", ihre erste und dauernde Forderung. Wegen seiner gesundheitsschädigenden Wirkung ist es von allen Ärzten einstimmig verworfen worden; sie haben es in Wort und Bild als Mörder der weiblichen Gesundheit und Schönheit dargestellt. Auf der Dresdener Hygieneausstellung 1911 veranschaulichten die Wand= tafeln von Dr. Thiersch die Einwirkung des Korsetts auf Weichteile und Kno= chengerüst in ebenso belehrender wie abschreckender Weise. Der Frau das

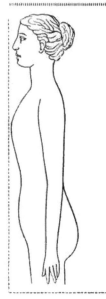

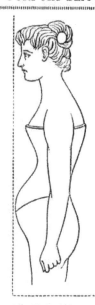

Normale weibliche      Weiblicher Körper,
Figur, ungeschnürt.        geschnürt.

Aus Meyers Konversations=Lexikon, 6. Aufl.

*Korsett nehmen, hieß aber nicht weniger, als ihr das Knochen= gerüst rauben. Durch den Weg= fall der natürlichen Stütze, die es ihrem Körper bietet, verlor sie Haltung und Form und war größeren Schädigungen ausge= setzt, als wenn sie es beibehielt. Die Röcke, die sie gewohnt war, um die Taille zu schnüren, rich= teten ohne Korsett noch größe= res Unheil an, indem sie eine starke Verschiebung der Ein= geweide, Knickung und Ver= lagerung wichtiger innerer Or= gane veranlaßten. Es entstand dadurch die bekannte Schnür= furche. Auf dem Korsett baute sich die Mode der letzten Jahr= hunderte auf, die Zweiteilung des weiblichen Körpers in die obere und untere Hälfte, getrennt mehr als verbunden durch die Taillenlinie, die die Mode zur schmalsten Stelle des Rumpfes ausgebildet hat. Mit dem Korsett fiel der Grundpfeiler des weib= lichen Anzuges, und diejenigen, welche es der Frau nehmen wollten, sind sich wohl nicht in vollem Umfang darüber klar gewesen, wie verzwickt die Frage nach seinem Ersatz war. Diese Frage ist in der Tat so schwierig, daß Stratz, nachdem die Angelegenheit schon jahrelang erörtert worden war, 1904 zu dem Resultate kam: ein gut gemachtes Korsett ist auf alle Fälle besser als gar keins. Er forderte von einem gut gemachten Korsett, also einem solchen, das den Blutumlauf nicht hindern darf, daß es 1. nicht zu hoch sei, um die Atmung nicht zu beschränken, 2. nicht zu stark geschnürt werde, um die Eingeweide nicht zu verlagern, 3. auf der knöchernen Unter= lage des Beckens seinen Stützpunkt habe, um die weichen Teile nicht zu*

*Abb. 95. Reformkleid*
von der Internationalen Kunstausstellung in Dresden 1901

*Abb. 96. Reformkleid*
von der Internationalen Kunstausstellung in Dresden 1901

zu drücken. Stratz
fand, daß Frau=
en, die gutsitzende
französische Kor=
sette trugen, keine
Schädigungen in
ihrem Befinden er=
litten, solche mit
schlecht sitzenden
schon üble Verän=
derungen zeigten,
solche aber, die gar
keins trugen, am
schlimmsten daran
waren. Ein gut
sitzendes Korsett
hebe den schädli=
chen Einfluß der
viel zu schweren
Kleidertracht auf
die Körperform
teilweise wieder
auf, während diese
üblen Wirkungen
sich viel deutlicher
zeigten, wenn gar

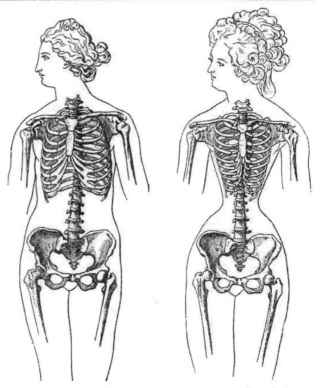

Normaler weiblicher Brustkorb,
ungeschnürt.

Weiblicher Brustkorb,
verschnürt.

Aus Meyers Konversations=Lexikon. 6. Aufl.

kein Korsett getragen werde. Viele Frauenärzte haben sich der Meinung
von Stratz angeschlossen, da sie in dem für die Körperformen passend an=
gefertigten Korsett das geringere Übel erblickten. Einmal war nicht nur
die Frau selbst, sondern auch der Mann daran gewöhnt, die Taillenlinie
der weiblichen Erscheinung schön zu finden, dann aber, wo soll denn die
Frau, die auf das Korsett verzichtet, ihre Kleider befestigen, ohne sich
Schädigungen auszusetzen, wenn sie sie nicht um die Taille binden darf?

14

Dieses Problem hat viel Kopfschmerzen gekostet und ist auf verschiedene
Weise gelöst worden. Zuerst hieß es: auf den Schultern, und Paul Schultze=
Naumburg verkündete 1901 „eine durchaus normale Frauenkleidung
wird wie jede andere ihren Halt zunächst auf dem Schultergürtel suchen".
Der Münchener Arzt Dr. Neustädter war der gleichen Meinung und
schrieb 1903: „Wenn wir eine gesundheitlich wirklich einwandfreie Klei=
dung schaffen wollen, dann müssen wir mit der ganzen Form der jetzigen
Bekleidung brechen, deren Prinzip in dem Aufhängen der gesamten
Last der für die untere Körperhälfte bestimmten Kleidung in der Taillen=
gegend und in dem engen Anpassen derselben an eine unnatürlich ver=
engte Körpermitte besteht." Diese Theorie schuf das Hängekleid, das
schon Pfarrer Kneipp als gesündeste Form des Frauenrockes empfohlen
hatte. Man hat es etwas unfreundlich den „Reformsack" getauft. Es galt
anfänglich für das Reformkleid katexochen. Im Oktober 1903 veranstaltete
das Hohenzollern=Kunstgewerbehaus in Berlin eine Ausstellung unter dem
Vorsitz von Paul Schultze=Naumburg, die diesem Schnitt gewidmet war.
Das Programm verbot jede Art von Korsett oder Reformkorsett, schloß Rock
und Bluse aus und schrieb vor, daß die Kleider von den Schultern aus getragen
werden müßten. Es waren etwa 100 Reformkleider in Hemd= und Mantel=
schnitt ausgestellt, eine neue Mode aber, wie die Heißsporne hofften, ging
nicht von ihnen aus, dazu hatte der Schnitt doch noch zu viele Nachteile.
Das Kleid hing von den Schultern bis auf den Boden und da es zu einer Zeit
erschien, als der Rock der Mode ringsum auflag und schleppte, so folgte es
dieser Tendenz und bildete durch seine mangelnde Teilung eine unvorteil=
hafte Linie. Im Tragen entstand ein weiteres Mißverhältnis durch den Um=
stand, daß, während das Kleid von der Schulter pendelte, das Bein sich aus
der Hüfte bewegt. Diese Pendelbewegungen von ungleicher Länge erschweren
nicht nur den Gang, sondern rufen auch unschöne Falten und Spannungen
hervor. Diese Lösung des Befestigungsproblems der Kleider war, wie sie
ästhetisch nicht befriedigte, auch hygienisch nicht einwandfrei, da die gesamte
Last der Röcke, auf die Schultern gelegt, für diese viel zu schwer war und
die Brust beengte. So kam man denn dazu, die Last auf einen anderen Punkt
zu verlegen, auf das Becken. Der holländische Arzt Dr. van der Velde

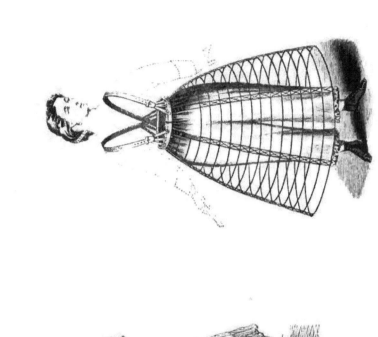

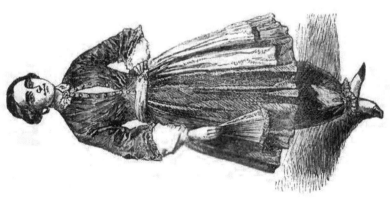

*Abb. 97. Mrs. Bloomer's amerikanisches Reform-Kostüm. 1850*
Aus der Leipziger Allgemeinen Moden-Zeitung

*Abb. 98. Amerikanische Reform von Maria M. Jones. 1869*
Aus Maria M. Jones, Die weibliche Kleidung. Berlin 1870

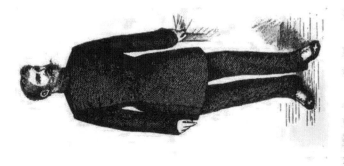

*Abb. 100. Professor Dr. Gustav Jäger*
in der von ihm erfundenen Reform Tracht 1880
Aus G. Jäger, Die Normalkleidung als Gesundheitsschutz. Stuttg. 1881

*Abb. 99. Amerikanische Reform*
Aus Maria M. Jones. Die weibliche Kleidung
Berlin 1870

arbeitete ein besonderes System aus, in dem er auch für das Korsett Platz fand und den Beckengürtel zum Tragen der Röcke empfahl. Sein Korsett soll hauptsächlich auf den Hüften und auf dem Kreuz seine Stütze finden, so daß die ganze Last des unteren Teils der Kleidung von dem zu einer Trag= fläche erweiterten Beckenumriß getragen wird. Die Vorteile seines Systems sah er darin, daß es hygienisch und ästhetisch gleich empfehlenswert sei, indem es eine schlanke Figur mache, die Last auf den Teil des Körpers über= trage, der sich infolge seines anatomischen Baues dazu am besten eigne und schließlich nirgends einen nachteiligen Druck ausübe, da Bänder um die Taille vermieden seien. Dann folgen die Kompromißler. Emil Reichel will die leichte Kleidung des Oberkörpers von den Schultern, die schwere des Unterkörpers vom Becken getragen wissen. Joh. Große schlägt eine Drei= teilung vor, bei der der Behang der Schulter und Büste bis zur halben Höhe des Busens in Form einer kurzen Jacke erfolgen soll, die Mitte des Leibes glatt oder faltig zu umhüllen wäre, der kurze anliegende Rock aber auf die Hüften zu liegen käme. Ob diese Einteilung wirklich Zweckmäßigkeit und Schönheit vereint, wie der Verfasser annimmt, bleibe dahingestellt, vor allem würde sie doch die Kleidung, die vereinfacht werden soll, dadurch noch mehr komplizieren.

Alle diese Vorschläge lassen der Frau noch den Rock, ein Kleidungsstück, das, wenn es nicht so schädlich ist wie das Korsett, doch für alle Arten der Betätigung, die eine Bewegung des Körpers zur Voraussetzung haben, sehr hinderlich ist. Die wirklich radikalen Reformer sind denn in ihren Bestre= bungen auch ganz fortgerichtig bis ans Ende gegangen und haben die Ab= schaffung des Rockes und Ersatz durch das Beinkleid verlangt. Diejenigen, die sich ernstlich mit dem Gedanken einer Umgestaltung des weiblichen Anzugs in Hinsicht auf Zweckmäßigkeit beschäftigten, sind alle auf die Forderung nach dem Beinkleid gekommen. Im 19. Jahrhundert war wohl die Amerikanerin Mrs. Amelia Bloomer aus Ohio die erste. In den 40er Jahren machte sie lebhafte Propaganda für ihre neue Mode, deren wesent= lichste Unterscheidungsmerkmale von der Tagesmode Pumphosen waren, die am Knöchel endigten. Über sie fiel ein kurzer Kleiderrock bis ans Knie. Eine andere Amerikanerin, Marie M. Jones, die sich von der „zerstörenden

14*

Wirkung der Kleidung auf den weiblichen Geist" überzeugt hatte, erfand in den 60er Jahren ein Reformkleid, das der Bloomer=Reform sehr ähnlich war und Herrenbeinkleider mit einer Garibaldibluse vorsah. Sie ging damit in Neuyork aus: „Aber," schreibt sie, „ich glaubte nicht an die gänzliche Ver= derbtheit der Jugend, bis ich das Reformkleid in Newyork trug", und so entschloß sie sich denn, um der öffentlichen Belästigung zu entgehen, ihre Reformhose mit der Krinoline zu bedecken. Die englische Reformbewegung, an deren Spitze sich Lady Haberton stellte, ging ebenfalls darauf aus, das Beinkleid als Hauptkleidungsstück der Frau einzuführen. Auch Spener und Lahmann empfahlen dasselbe, in der Form des geteilten Rockes. Eugen Isolani hat in seiner „Frau in der Hose" alles über diese Frage beigebracht, was sich apologetisch darüber sagen läßt. Die Austellung, welche die Rational Dress Association 1883 in London veranstaltete, zeigte mehrere Hosen= kostüme, Georg und Else Fuhrmann lieferten 1901 recht brauchbare Ent= würfe für Hosenkleider, zumal kamen aus Amerika Vorschläge für den geteilten Rock, die in der Tat alle Ansprüche befriedigten, die an Brauch= barkeit und Dezenz der Erscheinung gestellt werden können. Auf dem Gebiet des Sportes für Reiten, Radfahren, Rodeln und ähnliche Betätigung hat sich ja das Frauenbeinkleid auch durchgesetzt, in die allgemeine Tracht war es nicht gedrungen, vielleicht aus den Gründen, die wir auseinandergesetzt haben, als von der Entstehung des Rockes die Rede war. Erst der Krieg, der so zahlreiche Frauen als Ersatz für die fehlenden Männer in Berufe trieb, die ihnen bis dahin fremd geblieben waren, hat auch hierin Wandel geschaffen und die Frau, die wirklich schwer arbeiten muß, genötigt, nach diesem praktischen Kleidungsstück zu greifen, ohne Rücksicht darauf, ob es kleid= sam ist oder nicht. Auf diese Angelegenheit werden wir noch zurückkommen müssen.

Der unvermittelte Übergang zum Beinkleid hätte einen Sprung bedeutet, der vielen wohl als zu gewagt erschien. So haben die Amerikanerinnen, die die Hose annehmen wollten, wie Mrs. Bloomer und Marie Jones, doch noch als Symbol einen kurzen Rock beibehalten. Auch Fidus hat 1903 in seinen Entwürfen für eine neue Frauentracht einen Rock bis an die Knie vorge= sehen. Man ist mit all diesen Bemühungen doch nicht von der Mode losge=

*Abb. 101. Frühjahrsmode 1917*
Schnitt von Hedwig Buschmann

kommen, selbst die Verfechterinnen des Hosenrockes, die wie man annehmen sollte, sich so weit von der Mode entfernen, als zwischen dem rechten und linken Flügel der Bekleidungskunst nur Platz ist, stehen unter ihrem all= mächtigen Einfluß. Auch wer die Daten von Mrs. Bloomers Auftreten nicht kennt, müßte beim Anblick ihres Bildes dasselbe sofort in das fünfte Jahr= zehnt des 19. Jahrhunderts einreihen, so deutlich sprechen die Taille und die Form des kurzen Rockes für diese Zeit. Von Miß Jones' Reform, die die Krinoline nicht entraten mag, braucht man ja gar nicht zu sprechen. Genau so verraten die Kostüme der vernünftigen Kleidung, die auf der Londoner Ausstellung von 1883 zu sehen waren, wie die ersten Entwürfe des schwe= dischen Vereins für Reformtrachten, die in die Mitte des 80er Jahre zu= rückgehen, die Zeitmode in jeder Linie. Sehr viel auffallender ist diese Er= scheinung noch in den Kleidern, die entstanden, als einige Künstler mit dem Anspruch hervortraten, die Frauenkleidung ästhetisch reformieren zu wollen. Der bekannte Kunstgewerbler, Henry van der Velde, war der erste, der, be= seelt von einem „Gefühl der Empörung gegen die Mode und ihre Vertreter" die neue Renaissance der Bekleidungskunst verkündigte. Er fand in Alfred Mohrbutter einen Genossen, der herausgefunden hatte, daß ein Frauenkleid einheitlich wie ein Möbel sein müsse, daß es eine dekorative Idee zu ver= wirklichen habe und er glaubte, daß diese Entdeckung das Kleid mit einem Schlage zum Kunstwerk erhebe. Beide Künstler wünschten merkwürdiger= weise die Damen zu uniformieren, was van der Velde auf festliche Ver= anstaltungen beschränkte, Mohrbutter aber weiter ausgedehnt wissen wollte. Er spricht die hübsche Idee aus, es sollten z. B. alle Damen eines Chors beim Auftreten eine Farbe wählen, etwa ein ganz leichtes Grau, Graurot oder Lila, noch besser für die großen Meisterwerke unserer Musik sich an bestimmte Farben halten. Dieser sehr glückliche Einfall ist ja damals an manchen Orten befolgt worden und hat zu der Einrichtung geführt, daß die Damen bei Chouraufführungen wenigstens alle weiß gekleidet sind, ein Kompromiß zwischen Blonden und Brünetten, die sich auf eine Farbe wohl kaum einigen dürften. Im Frühjahr 1900 gab Dr. Deneken den Künstlern Gelegenheit, auf einer in Krefeld veranstalteten Ausstellung ihre Ideen in die Tat umzusetzen und dem Publikum vorzuführen. Außer van der Velde

und Mohrbutter hatten sich Pankok, Richard Riemerschmidt, Hermann
Obrist, Peter Behrens, Berlepsch u. a. an dieser Schau beteiligt und Kleider
vorgeführt, die von Künstlern für bestimmte Damen entworfen waren. Sehen
wir ganz davon ab, daß kundige Damen, wie Jenni Gratz, Margarete Bruns
u. a. den Künstlern das mangelnde Fachstudium und ihre gänzliche Un=
kenntnis der Schneidertechnik zum Vorwurf machten, was vielleicht die
schlechte Arbeit verschulden mochte, so muß man außerdem sagen, die
Künstler meisterten die Mode nicht, sondern sie standen in ihrem Bann. In
dem Album, welches über die Ausstellung veröffentlicht wurde, machte
Maria van der Velde der Mode zwar den Vorwurf, daß sie „die große Ver=
irrte" sei, die „große Schuldige an allem, was das Jahrhundert an Häßlichem
aufgespeichert" habe, daß seit dem Tage, da die Mode ihre Herrschaft an=
getreten habe, die Kleidung niemals wieder Ausdruck persönlicher Schön=
heitspflege noch Äußerung des allgemeinen Kunstvermögens gewesen sei,
aber wenn man dann prüft, was die Künstler an Stelle der Mode setzen
wollen, wird man mit Erstaunen gewahr, daß sie sich von der Tagesmode
gar nicht entfernt haben. Umriß und Linien bleiben ihr getreu, die Schnitte
sind der Mode entlehnt und das einzige, was die Künstler aus eigenem da=
zu gegeben haben, ist das Ornament. Van der Velde und Mohrbutter be=
handeln das Kleid geradezu wie einen Teppich, den sie mit Flächenmustern
bedecken und auf diesem Wege sind ihnen die meisten anderen gefolgt. Die
damaligen Röcke, weit ringsum aufliegend und schleppend, boten in der Tat
für die Ornamentverzierung den geeigneten Spielraum und in den Linien,
in denen Besatz und Stickerei geführt waren, sah man viel Feines und Schönes.
Aber so wenig wie sie neu waren, man sah sie, die damals den Jugendstil
repräsentierten, überall, so wenig charakteristisch waren sie, wenn sie eine
Reform der Mode darstellen sollten. Mohrbutter, dessen Kleider sich durch
besonders geschmackvolle Wahl und Zusammenstellung der Farbe aus=
zeichneten, ist einige Jahre darauf in seinem „Kleid der Frau" nochmals
mit Entwürfen hervorgetreten, bestimmt, dem Kleide eine künstlerisch per=
sönliche Note zu geben. In diesen ist der Zusammenhang mit der Mode
womöglich noch enger, denn wenn die Mode der weiten schleppenden Röcke
gewiß schön und kleidsam war, der Künstler also an ihr festhielt, so war

**Abb. 102. Konzertkleid**

Entwurf von Mohrbutter. Aus Album moderner Damenkleider, ausgestellt in Krefeld 1900
Von Maria van de Velde. Düsseldorf 1900

*Abb. 103. Gesellschaftskleid*

Entwurf von Mohrbutter. Aus Album moderner Damenkleider, ausgestellt in Krefeld 1900
Von Maria van de Velde. Düsseldorf 1900

*gerade in jenem Jahr (1904) der Ärmel mit den großen Bauschen am Unter=
arm in einem besonders unglücklichen Stadium, unpraktisch und häßlich
und selbst von diesem hat Mohrbutter sich nicht befreien können.
Wie in Deutschland revoltierten auch in Frankreich die Künstler gegen
die Mode. In Paris bildete sich 1911 eine „Liga der neuen Mode", die sich
gegen die Roheit, Geschmacklosigkeit und Unnatur der Gegenwartsmode
richtete. Zeichner, Maler und Bildhauer veranstalteten eine Ausstellung,
auf der man 600 Puppen sehen konnte, die nach neuen Ideen angekleidet
waren. Die Künstler wollten nicht der Kostümgeschichte folgen, sondern
nur der eigenen Phantasie und schlossen, um sich jedem fachmännischen
Einfluß zu entziehen, Berufsschneider von ihrer Liga aus. Man hat nicht
wieder von diesem Bund gehört, dessen Ausstellung ein Schlag ins Wasser
war. Die feste Organisation des Pariser Modebetriebs hat diese Bewegung
gegen die Zeitmode von vornherein zur Resultatlosigkeit verurteilt. Die
deutschen Ästhetiker blieben wenigstens in Fühlung mit ihrer Zeit, wenn sie
in ihren Entwürfen zu Reformkleidern unter dem Zwange der Mode handelten.
Sie diktierte ihnen das Wichtigste, den Umriß. Sich darin von der Mode zu
befreien, ist fast unmöglich, ohne indezent zu erscheinen oder auf Erfolg zu
verzichten. Die hypnotische Gewalt der Mode ist so groß, daß sie der Frau
einfach die Linie aufzwingt, die sie haben soll. In den 30 Jahren, in denen
die Krinoline den Umriß der Frau bestimmte, sah alle Welt sie in der be=
kannten Glockenform, also traten auch alle Schauspielerinnen auf der Bühne
so auf. Die Rachel als Phädra, die Jachmann=Wagner als Ortrud, Christine
Enghaus als Kriemhild kamen in der Krinoline. Es scheint uns komisch und un=
glaublich, aber es wäre den Zeitgenossen sicher noch weit komischer vorge=
kommen, hätten sie die Heroinen plötzlich in einer ganz anderen Silhouette er=
blickt, als in der gewohnten. So sehen wir auch ganz folgerichtig, daß die Refor=
matoren, mochten sie aus hygienischen oder ästhetischen Rücksichten sich
eine Reform der Mode vornehmen, im Grunde eigentlich ganz bei der Mode
des Tages verharren. Verfolgt man einmal Jahr für Jahr alles, was an Vor=
schlägen zu einer Reform auftaucht, es sei nun in der Form von Rock oder
Hose, so wird man, zieht man die Tagesmode zum Vergleich heran, gewahren,
wie die Reform immer im Bann der Mode bleibt. Sie sind eine ganze Zeit so=*

gar den gleichen Weg gegangen und die Verfechter der Reform haben uns
glauben machen wollen, daß sie es gewesen seien, deren Einfluß die Mode
zur Vernunft gebracht habe. Der mäßig enge Rock mit der hochliegenden
Gürtellinie, die auf das Korsett zu verzichten schien, konnte allerdings den
Anschein erwecken, als hinge er mit den Grundsätzen zusammen, die von der
Hygiene ebenso stark betont wurden, aber wir können uns nicht überzeugen,
daß dieses Zusammentreffen anders als ein rein zufälliges war. Wir haben
schon von dem regelmäßigen Ablauf der Modephasen gesprochen, bei denen
stets eine Epoche des Schlanken auf eine solche des Runden folgt. Dieser
Ablauf hatte sich eben wieder einmal vollzogen, die Mode trat in die Phase
des Schlanken genau wie hundert Jahre zuvor. Die Sucht, sein Tun und Lassen
immer begründen zu wollen, alles auf Zweckvorstellungen aufzubauen, hat
vor einem Jahrhundert zu der Idee geführt, die enge Form sei klassisch. Da
man nach 1789 unter Revolution und Kaiserreich antik sein wollte, so glaubte
man die enge Mode hinge mit dem Altertum zusammen und gehorche dem
Zeitgeschmack, der immer auf Rom und Griechenland als sein Vorbild sah.
Nun wird man aber zwischen 1795 und 1815 auch nicht eine Mode beim
weiblichen Geschlecht finden, vom männlichen braucht man in diesem Zu=
sammenhang überhaupt nicht zu reden, die auch nur die oberflächlichste
Ähnlichkeit mit griechischen oder römischen Trachten hätte. Man wird sich
also überzeugen müssen, daß zwischen der Antike und der damaligen Zeit=
mode nicht die geringste Verbindung bestand. So wie die Mode dazumal
die Frau auch dann eng gekleidet haben würde, wenn sie nicht hätte antik
sein wollen, so hat sie sie auch jetzt wieder schlank gemacht, ohne Rücksicht
auf die Wünsche von Hygiene, Reform und Emanzipation der Frau. Außer=
dem ist es ein offenes Geheimnis, daß die schlanke Mode der letzten Jahre
sich nur den Anschein des Hygienischen gab. Das Korsett, das sie zur
Voraussetzung hatte, die berühmte gerade Front, von Norbert Stern ebenso
witzig wie leider richtig die „Mode gegen das Kind" genannt, war womöglich
noch schädlicher für die Gesundheit der Frau als das alte eng um die Taille
geschnürte. Die Übereinstimmung zwischen Mode und Reform war ebenso
äußerlich wie zufällig. Diejenigen, die so oft betont haben, welchen Einfluß
ihre Bestrebungen auf die Mode gehabt hätten, daß er sogar die Pariser

grande couture bekehrt habe, hätten sich, stünden wir nicht gerade im Kriege, schon längst von ihrem Irr= tum überzeugt. Schon hat die Mode sich wieder von der geraden Linie ab= gekehrt und ist im Begriff, sich dem Runden zuzuwenden; es müßten alle Zeichen trügen, wenn wir nicht binnen kürzester Zeit die geschnürte Taille und die Krinoline wieder sähen. Wie die Wege von Mode und Reform sich trafen, so werden sie auch wieder aus= einanderführen, und es wird nur die Frage bleiben, welchen dieser Wege die Mehrzahl der Frauen einschlagen wird.

Wenn man berücksichtigt, daß die ganze Reformbewegung doch nicht viel älter ist als etwa dreißig Jahre, so wird man zugeben müssen, daß immer= hin schon manches erfreuliche Resul= tat erreicht ist. Die heute bestehenden Organisationen versprechen für die

*Abendtoilette in Reform. Aus: Doris Kiese= wetter und Hermine Steffahny, Die deutsche Frauenkleidung. Berlin, Paul Quack, 1904.*

Zukunft weitere Fortschritte in der Richtung auf eine zweckmäßige und gesunde Tracht. Es war ja schon ein großer Fortschritt, daß die Frau sich überhaupt ernstlich zu überlegen begann, ob ihr Anzug nicht solche Schädi= gungen der Gesundheit zur Folge habe, daß sie besser tue, ihn zu refor= mieren als der Mode zu folgen. Der berufene Vertreter der Reform ist in Deutschland der „Verband für deutsche Frauenkleidung und Frauenkultur", der sich mit seinen Zweigvereinen über das ganze Reich erstreckt. Er hat zur Durchführung seiner Ziele mit kluger Vermeidung der Extreme fol= gende Richtlinien niedergelegt:

„Die Kleiderkunst ist kein selbständiges Gebilde. Sie ist ein Zweig

15

Gesellschaftstoilette in Reform. Aus dem Atelier Durra=Klemich, Berlin. Aus: Doris Kiesewetter und Hermine Steffahny, Die deutsche Frauenkleidung. Berlin, Paul Quack, 1904.

des großen allgemeinen deutschen Kunstgewerbes und untersteht da= her denselben Gesetzen wie jede Zweckkunst.

Ihr naturnotwendiger Ausgangs= punkt kann nur der unverbildete, na= türlich entwickelte weibliche Körper sein.

Jede Vergewaltigung der weib= lichen Körperformen ist daher streng zu verwerfen. Sie schädigt die Ge= sundheit der Frau und in ihr die des gesamten Volkes. Zur Notwendigkeit der zweckgerechten tritt die der form= gerechten künstlerischen Gestaltung.

Jede Formgebung, die über den Bau des weiblichen Körpers falsche Vorstellungen erweckt, d. h. die Kör= performen willkürlich versteckt oder übertrieben heraushebt, ist als Ver= unstaltung des Körpers sowohl aus künstlerischen wie auch aus sittlichen Gründen zu vermeiden.

Das schmückende Beiwerk, d. h. jede über das rein Praktische hinaus= gehende Zutat, hat sich der Grund= form des Kleides organisch einzu= ordnen.

Der schöne Linienfluß des Gewandes darf nicht durch willkürliche Zu= taten beeinträchtigt, das Auge nicht durch Überladung auf Unwesentliches abgelenkt und der Gesamteindruck des Kleides als Rahmen für die Per= sönlichkeit der Frau nicht zerrissen oder zerstört werden.

Wie über jeder angewandten Kunst steht über der Kleiderkunst als oberstes Gesetz das Gesetz der Zweckschönheit."

Betrachtet man unter diesem Ge= sichtswinkel einmal die lange Reihe der Entwürfe, die seit ungefähr zwei Jahrzehnten an das Licht getreten sind, so muß man jedenfalls zu= geben, daß viel Arbeit und Intelli= genz daran gesetzt wurde, die Auf= gabe zu lösen. Sie ist außerordent= lich schwer, denn auch die beste Lösung wird immer nur ein Kom= promiß zwischen Ästhetik, Hygiene und Brauchbarkeit vorstellen. Die Zahl der Frauen, die mit dem Be= griff der Taille und der Zweiteilung des Körpers, wie die französische Mode sie vorschrieb, gebrochen haben, ist heute recht groß. Wie weit aber an diesem Vorgehen die Reformidee beteiligt war, und wie weit die Mode, die ja in den letzten Jahren die Teilung selbst nicht mehr so streng betonte, bleibt abzuwar= ten. Da die Mode die Bestrebungen der Reform zu begünstigen schien, hat sie auch denen die Arbeit er= leichtert, die mit Verständnis und Geschmack die Forderungen beider

Turnanzug für junge Mädchen. Modell von Frau von Niederhöffer=Egidy in Berlin. Aus: Doris Kiesewetter und Hermine Steffahny, Die deutsche Frauenkleidung. Berlin, Paul Quack, 1904.

auf einer mittleren Linie in Einklang zu setzen versuchten. Dazu rechnen wir zum Beispiel die Entwürfe von Doris Kiesewetter und Hermine Steffahny, den Versuch, den Julie Jäger und Isolde von Wolzogen 1910 unternommen haben, italienische Renaissance=Gewänder für die neue Frauentracht umzu=

15*

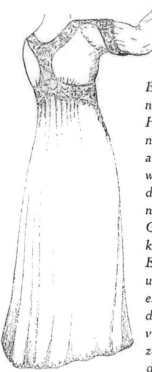

*Gesellschaftskleid.*
*Aus: Italienische Renaissance=*
*Gewänder umgestellt für die*
*neue Frauentracht von Julie*
*Jäger und Isolde v. Wolzogen.*
*Jena, Eugen Diederichs, 1910.*

gestalten. *Hygienisch legen sie bei ihren Entwürfen den Schultergürtel und den Beckenring zugrunde, verwerfen Korsett, Stehkragen, Rockbund und Taillenfutter, so daß jeder Druck vermieden und volle Bewegungsfreiheit gewährleistet wird. Ästhetisch nehmen sie die Schnitte der Frührenaissance zu Hilfe, die ja an und für sich der Mode jener Zeit nahestand. Sie lehnen karierte und gestreifte Stoffe ab und befürworten die Wahl glatter Gewebe in warmen, satten Farben. Die schönen Ornamente, die ihnen ihre Vorlagen an die Hand gaben, be= nutzen sie mit kultiviertem Geschmack, aber — ihre Gewänder sind Mode von 1910. Das soll durchaus kein Vorwurf sein, er träfe sonst auf beinahe alle Entwürfe zu, die wir gesehen haben. Es scheint uns dieser Umstand nur das eine zu beweisen, daß es dauernd die Aufgabe der Frau bleiben wird, die Ansprüche der Reform mit denen der Mode zu versöhnen, einen Modus vivendi zwischen beiden zu finden. Daß das ganz instinktiv geschieht und die Mode unmerklich doch die Hand derjenigen führt, deren Schlachtruf das „Los von der Mode" ist, müssen wir als Beweis dafür betrachten, daß die Mode eine Macht ist, gegen die der Wider= stand nutzlos ist und höchstens Kraftvergeudung darstellt.*

*Eine Reform innerhalb der Reform stellt das originelle System dar, das Hedwig Buschmann in ihrer neuen Frauentracht geltend macht. Auf diese Erfindung darf man wirklich einmal das oft miß= brauchte Wort „eigenartig" mit Recht anwenden. Die Künstlerin denkt an die Rückkehr zu Echtheit und Sachlichkeit in Kunst und Kunstgewerbe und wendet sich daher gegen den Zuschnitt als unecht, weil er die Achtung vor*

dem *Material aus den Augen setzt. Sie
mißbilligt, daß der Stoff erst zerschnitten
und dann wieder zusammengefügt wird,
und sie strebt die Schöpfung einer Tracht
an, die ohne Schere und Nadel zustande
kommt. In ihren Prinzipien sieht sie als
Grundform den einfachen Hemdenschnitt
mit angeschnittenen Ärmeln und einfach=
stem Verschluß vor, dann sind die Kleider,
was sie scheinen, zugleich leicht und be=
quem. Sie verwirft das Futter und will, wo
es nicht zu entbehren ist, aparte Kleider
von Futterstoff tragen lassen. Sie konstru=
iert ihren Kleiderschnitt entweder aus der
Hemdform oder aus Quadraten, Recht=
ecken und Halbkreisen, dadurch erhält sie
die Möglichkeit, ein Kleid auf die verschie=
denste Weise anzuordnen und zugleich
die große Bequemlichkeit, daß alles ohne
fremde Hilfe angelegt werden kann, ab=
gelegt aber wie ein Schal im Schubfach
aufbewahrt wird. „Das Material ist fast
gar nicht zerschnitten,“ äußert sich die
Erfinderin in ihrem Lehrbuch, „dadurch
behalten die Stoffe ihren schönen Falten=
wurf und ihren Wert. Die Echtheit des
Aufbaues wird durchaus gewahrt. Alle*

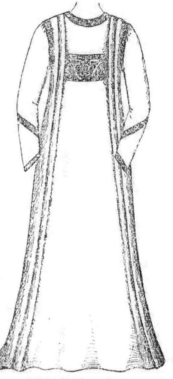

*Winterkleid aus Tuch.*

*Aus: Italienische Renaissance=Gewän=
der umgestellt für die neue Frauen=
tracht von Julie Jäger und Isolde v. Wol=
zogen. Jena, Eugen Diederichs, 1910.*

*unter dem Überkleid sichtbar werdenden Teile gehören einem einheitlichen
Unterkleid an, das auch allein getragen werden kann. In Acht und Bann
getan sind falsche Röcke, eingesetzte Westen und Ärmel, Knöpfe, die nicht
zum Knöpfen da sind, und andere überflüssige Verzierungen. Auch die
üblichen Schneiderzutaten werden auf das geringste Maß beschränkt. Für
ein nach diesen Grundsätzen hergestelltes Kleid ist etwa ein Drittel der*

*Reformkleid nach dem Entwurf von Emil Reichel, ausgeführt von Frau Porath. Aus: Emil Reichel, Die Frauenkleidung. Leipzig, Quelle & Meyer, 1912.*

*Zeit nötig, die man zur Anfertigung eines Mode=kleides braucht.*" Der Buschmann=Schnitt ver= einigt nach Angabe der Künstlerin „die sachlich vornehme Schönheit des Griechengewandes mit den hygienischen Eigenschaften des Reform= kleides und dem anmutigen Reiz einer Pariser Toilette". Die Entwürfe sind in der Tat über= raschend einfach, die ausgeführten Gewänder recht kleidsam.

Hedwig Buschmann ist es um eine Reform der Technik zu tun. Sie will die Schneiderkunst refor= mieren, nicht die Kleider. Das zeigt sich sehr deut= lich darin, daß ihr Schnitt jeder Mode gerecht wird. Sie begann mit langen, schleppenden Ge= wändern, die ganz besonders glücklich geraten waren, und stellt jetzt die völlig fußfreien der gegenwärtigen Mode her. Dieser Umstand quali= fiziert ihre Erfindung zum Bühnenkleid der Zu= kunft, ist sie doch imstande, ein Kleid durch Zuhilfenahme einiger Überkleider und sonstiger Zutaten in 10 bis 12 verschiedene Kostüme zu ver= wandeln. Diese Veränderungsfähigkeit, die der Schnitt erlaubt, macht das Buschmann=Kleid sehr verwertbar, es ist das Universalkleid für alle Ge= legenheiten. Der Stil erinnert an das malerische Prinzip von Mrs. Jenneß Miller, die die Frauen= kleidung mittels loser Draperien bewerkstelligen wollte und damit geradezu zum Ursprung der Tracht zurückkehrte. Diese Ideen führen zu dem Eigenkleid der Frau, das neben der Reform aber auch außerhalb der Mode seinen Platz erobern wollte. Anna Muthesius ist lebhaft dafür eingetreten, weil blanke Nütz= lichkeit dem Gedanken der Tracht nicht genügen könne. Sie wollte, daß das Reformkleid nur das konstruktive Gerippe für den künstlerischen Aufbau des Kleides hergebe, den dann jede Frau selbst vorzunehmen habe. Es ist manches Gefällige unter der Marke „Eigenkleid" hervorgetreten, aber auch viel Bizarres, denn das Eigenkleid ist eine Probe auf den Geschmack, die schwerer zu bestehen sein dürfte als manches Examen. Es ist ja recht schön, wenn man das Bestreben hat, die „Kleidung mit seinen inneren Forderungen und Werten in Beziehung und Einklang zu setzen", aber der Mensch, der sich über seine inneren Vorzüge nicht in einer freundlichen Selbsttäuschung befände, soll wohl noch geboren werden, und die Gefahr, daß das Eigen= kleid Werte unterstreicht, die nur der Besitzer unter die Aktiven, der Be= schauer aber zu den Passiven rechnet, liegt so nahe, daß sie nur selten vermieden wird. Die stärkere Betonung der Eigenkleidung würde, wie Margarete Pochhammer einmal mit Recht ausgeführt hat, viel Gesuchtes in die Frauenkleidung hineinbringen, und wir stimmen der unermüdlichen Vorkämpferin der Reform auch darin bei, daß es vor allem Aufgabe der Frau ist, ihre Kleidung mit den Forderungen unserer Zeit und unseren ver= änderten Lebensverhältnissen in Einklang zu setzen. Else Wirminghaus will das Eigenkleid der Bühne vorbehalten. „Die Künstlerin", sagt sie, „bedarf eines sehr feinen Stilgefühls, um allen Anforderungen ihrer Kleidung zu genügen. Diese hat sich nicht nur dem Zeitgeist des Stückes und ihrer eigenen Individualität anzupassen, sondern sie wird unter Umständen zu einem bedeutsamen Mittel werden, um den Charakter der darzustellenden Persön= lichkeit zu ergänzen und den Stimmungsgehalt des Stückes nach verschiedenen Richtungen zu verstärken". Das kann man wohl unterschreiben. Der Stil der Bühne verträgt nicht nur starke Akzente, er verlangt sie sogar. Im Leben des Alltags unterstützen sie die Wirkung oft viel weniger, als daß sie sie stören, aber was hier unerträglich ist, kann dort gefallen. Da wo das Eigen= kleid mit dem Anspruch auftrat, ein Ideal zu verkörpern, das der Mode gegenüberzustellen sei, ist es unterlegen. Es ist an der Mode wirkungslos vorübergegangen und auf das stille Kämmerlein beschränkt geblieben, in dem ja schließlich auch der Mann sich noch Seitensprünge gestatten und in Samt und Seide gehen kann, wenn es ihn freut.

Das Eigenkleid, das Reformkleid und die Mode streiten sich um die Seele

der Frau; welche von ihnen wird den Sieg davontragen? Vorläufig durch=
kreuzen sich die Richtungen noch, und in einer Bewegung, die verhältnis=
mäßig so jung ist wie die der Reformkleidung, muß ja vieles noch ungeklärt
sein. Als Henry van de Velde 1902 in seinem neuen Kunstprinzip in der
modernen Frauenkleidung noch einmal das Wort in dieser Angelegenheit
ergriff, gipfelten seine Ideen in drei Vorschlägen: 1. im Hause soll die Frau
ihre Individualität in der Art ihrer Kleidung zur Geltung bringen, 2. auf der
Straße solle die Frau ihre Individualität abschwächen und ihr Kostüm, dem
des Mannes gleich, verallgemeinern, 3. bei feierlichen Gelegenheiten möge
sie wie der Mann eine Art feststehender Zwangstoilette tragen. Diese
Grundsätze, die vielen unausführbar erscheinen mögen, verbergen in ihrem
Kern sehr viel Richtiges und Zutreffendes, und wer auf die Zeichen der Zeit
zu achten und sie zu deuten versteht, der wird mit uns der Meinung sein,
daß sich die Kleidung der Frau bereits auf dem Wege befindet, den der
Künstler ihr anweisen wollte. Lassen wir das Eigenkleid Eigenkleid sein,
niemand wird die Frau hindern, im Hause anzuziehen, was sie will. So gut
wie sie eine Pariser Matinee oder ein japanisches Kimono anlegt, kann sie
auch irgendeiner anderen Phantasie von Stoff und Farbe folgen. Viel wichtiger
ist, was die Paragraphen 2 und 3 des van der Veldeschen Vorschlages über
die Uniformierung der Kleider in der Öffentlichkeit sagen. Uns dünkt, sie
ist schon erreicht, diese Uniformierung, jedenfalls sind wir nicht mehr weit
von ihrer völligen Durchführung entfernt. Vor ungefähr 30 Jahren trat das
Schneiderkostüm: Rock, Jacke und Bluse hervor und hat sich seit der Zeit
behauptet. Diese lange Dauer einer Mode wäre geradezu unerklärlich —
als etwa in der Mitte der 60er Jahre das gleiche Modell auftauchte, hielt es
sich nur ein oder zwei Jahre —, wenn es sich in diesem Fall überhaupt noch
um bloße Mode handelte. Das ist eben nicht mehr der Fall, die Mode hat
sogar schon wiederholt den Anlauf genommen, die Verbindung von Rock,
Jacke und Bluse wieder abzuschaffen und ganze Kleider an ihre Stelle zu
setzen, aber es ist ihr nicht gelungen. Diese Kombination ist schon zur
Tracht geworden und steht jenseits der Mode, die ihr nichts mehr anhaben
kann. Daß der Mode dieses Mal nicht gelang, was sie einige 20 Jahre zu=
vor mühelos durchsetzte, hat Gründe, die mit der Mode nicht mehr zusam=

menhängen. *Das Auftreten des Schneiderkleides fiel mit der Zeit zusammen, in der die Frau begann, das Haus zu verlassen, um sich nach Berufen außerhalb desselben umzusehen. Die Industrie hatte ihr einen so großen Teil der Arbeit abgenommen, die sie einstmals im Hause leisten mußte, daß ihre Existenz leer geworden war und sowohl das Gefühl des Unbefriedigtseins wie die Notwendigkeit des Erwerbs sie zwangen, nach einer Ausfüllung ihrer Zeit zu suchen. Hätte die Mode sich angelegen sein lassen wollen, der arbeitenden Frau einen Anzug zu geben, der kleidsam, praktisch und ökonomisch zugleich war, so hätte sie nichts Passenderes erfinden können als eben dieses Kostüm, das in der Tat so viele Vorzüge in sich vereinigte wie noch niemals irgendein anderes. Die Frau hat es sich denn auch nicht wieder nehmen lassen. Hygienisch mag es ja zu wünschen lassen, und es ist ihm auch der Vorwurf gemacht worden, es täusche Verdienste in dieser Beziehung vor, die es gar nicht besäße. Alles andere, was die Frau von ihrem Kleid verlangt, besitzt es, es ist kleidsam, denn man kann jede Bluse darin tragen, und eine jede verändert die Zusammenstellung wieder so, daß ein Rock und drei Blusen drei verschiedene Toiletten ergeben. Ein weiterer Umstand, der diesem Kostüm zu seiner Dauer verhalf, ist die Entwicklung der Konfektion, die in diesen selben Jahrzehnten einen so gewaltigen Umfang annahm. Für sie war die Mode von Rock, Jacke und Bluse mehr als nur ein günstiger Zufall, geradezu Existenzbedingung. Fest gearbeitete Kleider mit den Taillen auf Stäben, wie die vergangenen Moden sie zur Bedingung machten, lassen sich nicht als Massenware herstellen, während diese drei Stücke förmlich nach der Fabrik schreien. Mit Geschick und Umsicht hat die Konfektion es verstanden, die Technik der Anfertigung auf einige Schnitte zu reduzieren, so daß heute jeder Frau die Größen, nach denen gearbeitet wird, völlig geläufig sind und ihr das Einkaufen wesentlich erleichtern. In der Tat fallen hier die Bedürfnisse von Käufer und Verkäufer einmal zusammen, und das Schwergewicht, das sie gemeinsam besitzen, belastet die Mode so, daß sie, die den ewigen Wechsel liebt, ja eigentlich den Wechsel verkörpert, nicht mehr loskommt. Sie begnügt sich mit Veränderungen im Schnitt, mal macht sie aus der Jacke ein Bolero, mal ein Mäntelchen, sie bläht die Ärmel oben oder unten, sie verlängert den Rock oder verkürzt ihn, die Bluse vollends*

16

bietet tausend Möglichkeiten der Veränderung, im Grunde bleibt es doch immer das gleiche Kostüm.

Vor hundert Jahren im Juli 1814 schrieb die Leipziger Allgemeine Moden= zeitung, als es sich um die Schaffung einer deutschen Nationaltracht han= delte: „Wenn sich erst die Frauen in eine teutsche Tracht kleiden, die schön und gesund und anständig und jeder Veränderung in Schnitt und Form fähig ist, so wird der Wunsch teutscher Patrioten erfüllt werden." Zweifel= los war das damals Spott und ist wohl auch als solcher empfunden worden, hundert Jahre später hat die Mode aber das anscheinend Unmögliche voll= bracht, und wenn sie die deutsche Frau auch nicht in eine Nationaltracht steckte, ihr doch eine Tracht gegeben, die jeder Veränderung in Schnitt und Form fähig ist. Hier scheint uns auch der Wegweiser in die Zukunft zu stehen. Man mag die Bestrebungen nach Reform der weiblichen Kleidung noch so hoch bewerten und ihnen den denkbar größten Erfolg wünschen, so wird man doch sagen müssen, daß einzelne Persönlichkeiten, und seien sie selbst zu Tausenden in Vereinen zusammengeschlossen, den Lauf der Mode weder aufhalten noch ihr die Richtung vorschreiben können. Das ist Päpsten, Kaisern und Königen nicht gelungen, weder Karl II. von England noch Katharina noch Kaiser Paul I., und welche Mittel des Zwanges und der Gewalt standen ihnen zu Gebote. Paul I. schickte Widerspenstige oder Unvorsichtige einfach nach Sibirien. Innere Notwendigkeiten bestimmen. Wir sahen oben, daß der Mann im Laufe des 19. Jahrhunderts von der Mode zur Zwecktracht kam, ohne daß irgend jemand versucht hätte, diese Entwicklung herbeizuführen. Sie erfolgte von selbst, sogar im Gegensatz zu ausgesprochenen Willensäußerungen sehr einflußreicher Männer, zu denen sogar ein Napoleon I. gehört hat. Die veränderten Bedingungen des Lebens und der Arbeit haben die neue Männerkleidung diktiert, und die Aussichten, in ihr zu einem lebhafteren Modewechsel zurückzukehren, sind außerordent= lich gering. Die gleichen Erscheinungen werden sich auch in der Frauen= kleidung zeigen und zu den gleichen Ergebnissen führen. Wird die Frau immer weiter dazu gedrängt, Berufe zu ergreifen, die sie aus dem Hause entfernen, eine Möglichkeit, die man in ihrem Interesse nur lebhaft beklagen könnte, so wird ihre Kleidung sich ganz von selbst diesen neuen Lebensbe=

*Abb. 104. Hedwig Buschmann in einem Gesellschaftskleide*
von eigener Erfindung und eigenem Schnitt 1917

dingungen anpassen. *Wir sahen schon,
daß augenblicklich die Frau, die in Stell=
vertretung der abwesenden Männer
schwere Arbeit tut, zum Beinkleid ge=
griffen hat, aus dem Zwange des Be=
dürfnisses heraus, während alle früheren
Versuche, dieses Kleidungsstück sicht=
bar in die weibliche Tracht einzuführen,
scheiterten und all die Schmerzens=
schreie, die in Frauenzeitungen laut
wurden: „Gebt uns doch ein anstän=
diges Beinkleid", ungehört verhallten.
Die besten Absichten, die stärkste Ein=
sicht von der Schädlichkeit gewisser
Kleidungsstücke werden auf die Allge=
meinheit ebenso wirkungslos bleiben
wie die Zwangsmaßregeln launischer
Autokraten. Was beide mit Zureden
oder Gewalt nicht erreichen, setzt das
Leben ganz unmerklich durch. „Die
sklavische Abhängigkeit der Frau von
den Modeerscheinungen", schreibt Else
Wirminghaus, „muß aufs schärfste be=
kämpft werden, weil sie ihrer freien per=
sönlichen Entwicklung im Wege steht.*

*Anzug für Schwerarbeiterin.
Entwurf von Otto Straßburg in Görlitz.
Aus: Das Kleid der arbeitenden Frau.
Karlsruhe, Braun. Frühjahr 1917.*

*Deshalb wird der Kampf gegen die kulturfeindlichen Torheiten der bisherigen
Frauenkleidung vorläufig noch den wichtigsten und aussichtsreichsten An=
griffspunkt bilden für die Entwicklung weiblicher Kultur überhaupt." Ja,
warum denn Kampf, warum denn Angriffspunkte suchen, sind Frieden und
Hand=in=Handgehen nicht verständiger? Wenn wirklich unter allen Inter=
essen der Frau das für die Modeerscheinungen unbedingt im Vordergrunde
steht, die Frau, die das behauptete, wird ihr Geschlecht ja kennen, so sollte man
an dieses Interesse lieber anknüpfen als dagegen ankämpfen. Die Reform=*

16*

bewegung, die im gebildeten Mittelstand einsetzte, hat, wie Margarete Poch=
hammer feststellen muß, noch lange nicht alle Frauen der mittleren sozialen
Stufe ergriffen, geschweige denn sich nach oben oder nach unten durch=
gesetzt. — Vielleicht ist das eine Schuld der Ruferinnen in Streit, deren
Kampfnaturen sich nicht mit dem Gedanken vertrugen, mit der verhaßten
Mode Kompromisse zu schließen. Sie werden die Mode nicht abschaffen
und nicht ändern, und solange nur ein kleiner Kreis das Reformkleid als
„Uniform mutiger Bekenner" trägt, ist der Allgemeinheit ja doch nicht ge=
dient. Verfehlt will uns auch der Kampf gegen die Konfektion, gegen die
Warenhäuser und ihre Stapelware dünken. Beide sind Erscheinungen des
modernen Kapitalismus, mit denen man sich abfinden muß. Wir stehen in
dieser Beziehung sogar noch vor einer gewaltigen Steigerung dieser Bewe=
gung, gegen welche der Einzelne und die Gesellschaft einfach machtlos sind.
Man kann zugeben, daß die Stapelware durch ihre minderwertige Qualität
nicht immer den besten Geschmack verrät, und doch nicht blind dagegen
sein, daß die Konfektion der kaufenden Frau dadurch von größtem Nutzen
ist, daß sie ihr Zeit erspart. Stunden und Tage, die sie mit der Schneiderei
verlor, kann sie nun, wenn sie will, zu nützlicherer Tätigkeit anwenden,
wenn sie hingeht und das Kleid fertig kauft. Arbeit und Konfektion werden
zur Uniformierung der Frau führen, wie sie es beim Manne getan haben.
Was van der Velde aus ästhetischen Rücksichten empfahl, wird durch
Faktoren herbeigeführt, die mit der Ästhetik nichts zu schaffen haben und
doch dasselbe Ziel erreichen. Will die Reform sich durchsetzen, so wird
sie diese beiden Faktoren in ihrer Rechnung addieren müssen und nicht
subtrahieren.

Bei dem Charakter der Frau ist nicht zu befürchten, daß die Uniformie=
rung der weiblichen Kleidung zu der gleichen Langeweile des Anblicks
führen wird, wie sie der Anzug des Mannes darbietet. Der Wunsch zu ge=
fallen sitzt ihr ja dazu viel zu tief im Blut, und man kann alle Tage sehen,
daß selbst die Frau in der Uniform des Beamten nicht auf die Koketterie
verzichtet, die einen Hauptreiz ihres Geschlechtes bildet. Ein kleiner Spitzen=
kragen, eine Passe, ein Schleifchen, eine Blume, die sie wie zufällig anzu=
bringen versteht, retten auch in den würdigen Ernst der Beamtin noch

ein klein wenig von der Evastochter und ihrer natürlichen Anmut. Im
Gegenteil, sie tut darin eher zuviel. „Es ist von Behörden", schreibt Else
Wirminghaus, „bereits die dringende Forderung nach Berufskleidung der
Beamtin, ja sogar nach gleicher Haartracht, aufgestellt worden, da die Ver=
schiedenartigkeit der Tracht zu Unaufmerksamkeit, Eifersüchteleien usw.
geführt und eine deutliche Verminderung der Leistungen herbeigeführt habe.
Daher liegt die Berufskleidung der Frau ganz entschieden im Interesse der
Behörden, Schulen, Fabriken, Warenhäuser u. a. m., also überall dort, wo
eine größere Anzahl weiblicher Personen nebeneinander beschäftigt ist."
Solche Dienstvorschriften für die weibliche Kleidung haben Heinrich und
Anna Jäger schon vor Jahren gefordert. Klara Sander und Else Wirming=
haus haben in einem Heft eine große Anzahl von Arbeitskleidern zusammen=
gestellt, wie sie teilweise ausgeführt, teilweise projektiert sich für die Zwecke
verschiedenartigster Arbeit der Frau eignen. Darunter sind alle Schnitte
vertreten, der geteilte Rock, das Hosen= und das Blusenkostüm, viel glück=
lich Erdachtes und hübsch Ausgeführtes dabei. Wir wiederholen noch ein=
mal, daß von hier aus die Wege in die Zukunft führen, daß sich aus der
Arbeit heraus auch das Kleid entwickeln wird, das die Frau in der sozialen
Betätigung nicht mehr hindern, sondern sie darin unterstützen wird. Vielleicht
wird die Mode dabei zu kurz kommen.

Wer wagt heute, umgeben von den Trümmern der Zivilisation, in die Zu=
kunft zu blicken! Wer weiß, ob die Weltkatastrophe, die England so leichten
Herzens heraufbeschwor, nicht so tiefgehende Veränderungen im Körper der
Gesellschaft herbeiführen wird, daß die Mode verschwindet. Die Fortschritte
auf dem Wege zur Demokratisierung erfolgen in einem Tempo von beäng=
stigender Schnelle. Die Utopien der Saint=Simon, Fourier u. a. Weltbeglücker
vom sozialistischen Zukunftsstaat beginnen Wirklichkeit zu werden, und
nicht nur bei den eingekreisten Mittelmächten. Schon nimmt der Staat alles
in die Hand und stört mit der aller Bürokratie eigenen Ungeschicklichkeit
und Anmaßung die Kreise der bisher gültigen Normen gesellschaftlichen
Lebens. Schon zwang die Not, d. h. der Mangel an Stoffen, die Behörden
dazu, der Mode entgegenzutreten und den Übergang zum weiten Kleiderrock
zu verlangsamen. Vorläufig ist das noch eine Anomalie, noch lebt die Mode,

und wenn sie weite Röcke vorschreibt, so ist die Dame, die sie nicht trägt,
unmodern, gleichviel ob sie der Mode nicht folgen darf oder ihr nur nicht
folgen will. Die Mode kennt keine höhere Gewalt, aber es ist sehr wohl denk=
bar, daß der Umsturz des Bestehenden, erfolge er auf welchem Wege immer,
Verhältnisse schafft, welche die Mode überflüssig machen. Schon die wirk=
liche Gleichheit würde sie aufheben. Eine gründliche Nivellierung der so=
zialen Schichten würde für ihre Bestrebungen keinen Raum lassen. Da es
aber ohne Zweifel immer Reich und Arm geben wird, so läßt sich denken,
daß die Mode sich wieder auf die höheren Schichten zurückziehen wird wie
einst. Dann würden die Standestrachten wiederkehren, die Mode würde ihren
Spielraum auf den engen Kreis plutokratischer Drohnen beschränken müssen,
und weit ab von ihnen würde die große Masse derer stehen, die arbeiten und
erwerben. Die Schaffenden und die Genießenden würden sich deutlicher
sondern als jetzt. Unter solchen Umständen würden auch Nationaltrachten
ihren Einzug halten und damit eine alte Forderung der Patrioten vieler Länder
erfüllt werden. Deutsche, Engländer, Italiener haben immer von neuem An=
läufe dazu genommen, die deutsche Reformbewegung hat sich sogar ge=
schmeichelt, das deutsche Kunstgewerbe werde „durch seine Vergeistigung
im deutschen Sinne auch unsere Kleiderkunst im Laufe einer längeren Ent=
wicklung als deutsche Kleiderkunst allgemein durchsetzen". Das alles sind
Vorstellungen, die im Bereich der Möglichkeit liegen, ja die man sich um
so eher als wahrscheinlich denken kann, weil die Mode der Formveränderung
sich ausgelebt hat, immer und immer wieder zu den gleichen Mitteln greift
und die gleichen Wege geht, ja, sich augenblicklich in einem stillosen Durch=
einander gefällt, daß man annehmen möchte, sie ist völlig desorientiert und
weiß nicht, was sie will. Vielleicht steht sie wirklich vor einer ganz neuen Phase
ihrer Entwicklung, vielleicht erlebt das kommende Geschlecht in der Be=
kleidungskunst Überraschungen, die wir uns heute gar nicht vorstellen können.
Sicher ist, daß eine Umstellung der weiblichen Tracht auf die gleichen Grund=
sätze, wie sie heute die des Mannes bestimmen, eine ästhetische Verarmung
bedeuten würde. Sie würde das Leben großer Werte berauben, denn wie
immer man sich zur Mode auch stellen möge, selbst der verbissenste Gegner
wird nicht zu leugnen wagen, daß ein starker Reiz in ihrer Betätigung liegt,

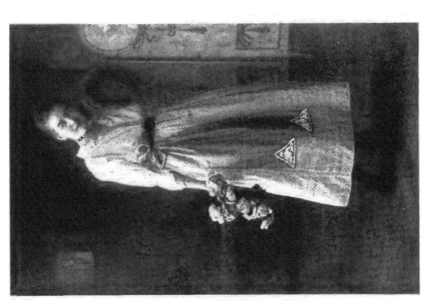

*Abb. 105|106. Frühjahrsmode 1917*
Schnitte von Hedwig Buschmann

Abb. 107/108. *Hosenrock als Arbeitskleid*

Entwurf von Frau Professor Salomon. Aus das Kleid der arbeitenden Frau.
Karlsruhe, Braun, Frühjahr 1917

Geöffnet

*ihr Spiel unser Dasein mit Freude erfüllt, weil es für den Wechsel sorgt,
ohne den das Leben nun einmal nicht mehr lebenswert ist.*

*Wer leben wird, wird sehen. Das kommende Geschlecht ist es, das ernten
soll, was heute gesät wird. Es war nur natürlich und selbstverständlich, daß
die Reformbewegung, die von der Erkenntnis ausging, daß die weibliche
Kleidung gesundheitsschädlich sei, sich mit dem mißhandelten Körper be=
schäftigte und zum Leitsatz ihres Tuns das Prinzip machte: erst Körperkultur,
dann Kleiderkultur. Auf diesem Wege mußte sie notwendig die Jugend an=
treffen und einsehen, daß es gelte, den noch ungeschädigten gesunden Körper
vor Verkrüppelung zu schützen, ihn dagegen so auszubilden, daß er alle ihm
von der Natur gegebenen Anlagen und Kräfte voll ausnützen könne. Bei der
Jugend lag die Erfüllung, beim Erzieher die Hoffnung. Hier hat die Bewegung
denn auch mit Erfolg eingesetzt, und hier verspricht sie ihre schönsten Früchte
zu tragen. Das erziehliche Moment einer gleichen Kleidung für alle Schul=
kinder ist früh erkannt worden und nachdem es in klösterlichen und mili=
tärischen Erziehungsanstalten längst Eingang gefunden hatte, auch von
Salzmann und anderen Pädagogen in ihre Institute übernommen worden.
Das hygienische Element kam aber dabei, wenigstens was die Mädchenschulen
betrifft, zu kurz, denn wieviel Mütter ließen ihre Töchter im Korsett groß
werden? Hier hätte nur die Schule Wandel schaffen können, ja schaffen
müssen, aber sie hat zunächst jede Einmischung in diese Angelegenheit ab=
gelehnt, weil s⁷e die Kleidung als Privatsache ansah. Erst als es den Bemü=
hungen der Reform gelungen war, auch für Mädchen die körperliche Aus=
bildung ebenfalls durchzusetzen, die Knaben schon längst erhalten, war die
Notwendigkeit gegeben, gegen eine Art und Weise der Kleidung einzu=
schreiten, die an sich schon die Absicht des Unterrichts in Frage stellte. Der
preußische Kultusminister hat wiederholt Verordnungen erlassen, in denen
er auf die schwere gesundheitliche Schädigung hinwies, welche dem sich
entwickelnden weiblichen Körper durch die Kleidung zugefügt wird. Er
betonte, daß der Zweck des Turnunterrichts bei solchen Schülerinnen, welche
im Korsett turnen, nicht erreicht werden kann, da es die ausgiebige und
wirkungsvolle Ausführung der wichtigsten Übungen, insonderheit auch der=
jenigen Rumpfübungen hindert, welche der Gesundheit besonders dienlich*

sind und eine freie, aufrechte, schöne Körperhaltung fördern. Das Tragen einschnürender Kleidung beim Turnen sei daher nicht zu dulden. 1904 hatte schon der Rat der Stadt Leipzig ein vom Verein für Verbesserung der Frauenkleidung empfohlenes Turnkleid eingeführt und eine so allgemeine Nachfolge gefunden, daß heute beim gymnastischen Unterricht wohl an der Mehrzahl der deutschen Schulen ein zweckentsprechender Anzug eingeführt ist.

Die Schulbehörden haben darin Einsicht und verständigen Willen gezeigt, was Margarete Pochhammer so überrascht, daß sie ausruft: „Warum sollten nicht auch andere Behörden die Frauenkleidung um ihrer rasse=hygienischen Bedeutung willen als Interessengebiet des Staates behandeln, und warum sollte nicht Fabrikation und Vertrieb gemeingefährlicher Korsetts so gut ver= boten werden, wie das Feilhalten gefährlicher Bücher und schädlicher Nahrungsmittel verboten wird und wie man dem Wohnungselend durch Polizeivorschriften abzuhelfen sucht?" Die Vergleiche sind in der Tat be= stechend und geeignet zum Nachdenken anzuregen, aber diese Frage der Polizei in die Hand geben hieße den Teufel mit Beelzebub austreiben. Wir möchten der Polizei so wenig wie möglich überlassen, sie hat schon jetzt mehr als zu viel Gelegenheit, das Publikum zu belästigen, und macht so wenig Ge= brauch von ihrer Macht, es zu schützen. Es würde auch nichts helfen, die Kostümgeschichte ist reich an Beispielen polizeilicher Einmischung, aber arm an solchen polizeilicher Erfolge. Wir wollen uns damit begnügen, daß die Angelegenheit im Fluß ist und im Fließen bleibt. Schon heute kann keine Frau mit Recht sagen, sie wisse nicht, daß die Modekleidung die Gesundheit schädige. Wir wollen uns vor allem freuen, daß heute überall Körperkultur getrieben wird, nicht allein in der Schule und unterrichtsmäßig, sondern in Tanz und rhythmischem Spiel allerorten. Das ist ein Fortschritt, der dem heranwachsenden Geschlecht zum Segen gereichen muß. Im gesunden Körper wird eine gesunde Seele wohnen, und wie würde eine solche sich mutwillig zu Verkehrtheiten in Kleidung und Sitte bekennen wollen? Hier sind Hoff= nung und Zuversicht. Wer die Jugend hat, dem gehört die Zukunft.

FSC
www.fsc.org

MIX

Papier aus ver-
antwortungsvollen
Quellen
Paper from
responsible sources

FSC® C141904

Druck:
Customized Business Services GmbH
im Auftrag der
KNV Zeitfracht GmbH
Ein Unternehmen der Zeitfracht - Gruppe
Ferdinand-Jühlke-Str. 7
99095 Erfurt